Linde Salber
Psychologie für die Westentasche

Zum Buch: Linde Salber erzählt vor allem von den Anstößen und Wegen des pyschologischen Denkens. Warum stellen wir psychologische Fragen? Am Anfang stehen meist »Stolpersteine« im menschlichen Verhalten und Erleben, Veränderungen, die geschehen und die wir nicht begreifen.

Die Psychologie, mit der wir im Alltag umgehen, Glück und Leid im Lebenslauf, die Klassiker und ihre Entdeckungen, Sprache, Denken und Erinnerung als Instrumente des Seelischen – dies sind nur einige Schwerpunkte dieser ungewöhnlichen Einführung. Vor allem möchte die Autorin den »Grund« allen psychologischen Fragens wieder freilegen. »Sonst können wir mit den Antworten nichts anfangen.«

Linde Salber, geboren 1944 in Tütz/ Pommern, ist promovierte Diplompsychologin und praktizierende Psychotherapeutin. Zudem arbeitet sie als Akademische Oberrätin an der Universität Köln mit einem Forschungsschwerpunkt »Lebensgeschichte und künstlerisches Schaffen«. Seit 1983 malt sie. Sie hat zahlreiche Bücher veröffentlicht, darunter biographische Porträts zu Lou Andreas-Salomé, Anaïs Nin, Frida Kahlo, Marlene Dietrich und Salvador Dalí. Zuletzt erschien »Der dunkle Kontinent – Freud und die Frauen«.

Linde Salber

PSYCHOLOGIE
für die Westentasche

Piper
München Zürich

In derselben Reihe liegen vor:

Wissenschaft für die Westentasche
von John Gribbin

Mathematik für die Westentasche
von Albrecht Beutelspacher

Statistik für die Westentasche
von Walter Krämer

Physik für die Westentasche
von Harald Lesch und dem Quot-Team

Philosophie für die Westentasche
von Wilhelm Vossenkuhl

Einstein für die Westentasche
von Ernst Peter Fischer

Architektur für die Westentasche
von Stephan Braunfels

Mozart für die Westentasche
von Michael Stegemann

Freud für die Westentasche
von Hans-Martin Lohmann

ISBN 13: 978-3-492-04975-7
ISBN 10: 3-492-04975-3
© Piper Verlag GmbH, München 2006
Umschlaggestaltung: Büro Jorge Schmidt, München
Umschlagabbildung: © Images.com/Corbis
Gesamtherstellung: Kösel, Krugzell
Printed in Germany

www.piper.de

Inhalt

9 Vorwort

11 I Jedermanns Psychologie oder Vom Versuch, sich einen Reim aufs Leben zu machen
11 Einleitung
13 Entlarvungslust und Hilferuf
16 Privatpsychologie
19 Psyche, Seele, seelisches Geschehen
20 Nichts versteht sich von selbst, und nichts bleibt, wie es war
22 Die Seele im Mythos: Amor und Psyche
25 Aufklärung und »Erfahrungsseelenkunde«
27 Die Seele im Labor
28 1968er-Bewegung und Psycho-Boom

32 II Psychologie – Thema mit Variationen
32 Psychologie extra light
35 Die Klassiker und ihre Fragen
48 Seherfahrungen und die »richtige« Psychologie
50 Zwei Prototypen psychologischer Aufmerksamkeit
50 *Psycho-logische Psychologie*
54 *Naturwissenschaftlich orientierte Psychologie*

60 III Seelische Instrumente
60 Das Gehirn macht keinen Sinn
63 Emotion und Wahrnehmung
66 Vorstellung, Sprache, Denken, Intelligenz
70 Gedächtnis und Erinnerung

72 IV Im Alltag steckt der Witz des Ganzen
72 Alltagsleben versus Einzelteile
74 Von der Notwendigkeit, dem Seelischen eine Façon zu geben

76	Arbeiten – der Hund braucht seinen Knochen
78	Langeweile
80	Putzen oder Die Utopie klarer Verhältnisse
83	Von der Lockerung des Träumens
85	Reisen oder Die Suche nach dem anderen, das auch in uns steckt
88	**V Die eigene Geschichte: Figuren der Verwandlung**
88	Das Rätsel der Sphinx
89	Die Lebenstreppe
91	Die erste Reise
92	Jeder hat mal klein angefangen
94	Elementares
95	Eins plus eins macht eins oder Paradoxien der Zweisamkeit
98	Untrennbarkeit von Entwicklung und Erziehung
100	Kleiner Größenwahn oder Little Ödipus
102	Revolte als Übergang
106	Neustart mit Wiederholungen
107	Die Freigelassenen der Arbeitswelt
110	**VI Psychotherapie zwischen Dressur und Schamanismus**
110	Das »Man« und der Eigensinn
112	Zuviel und Zuwenig
113	Wirbel und Wechsel im x-Beliebigen
116	Symptombildung als Halt
117	Dressur versus Wiederbelebung des Ganzen
118	*Verhaltenstherapie*
119	*Tiefenpsychologisch orientierte Psychotherapie*
122	**VII Schluß: ... und die Moral von der Geschicht'**

Meinen Studentinnen und Studenten zur Erinnerung

Die Seele ist unerschöpflich,
weil sie zugleich Beobachter und Objekt ist.
Hugo von Hofmannsthal, 1891

Vorwort

Als traumtänzerische Kinder der Götter und körpergebunden verwandt mit den Tieren suchen wir uns werktätig einzurichten in dieser Welt – für eine kleine Weile. Was die Psychologie in Gang gebracht hat, waren Unruhe und Neugier. Die Klassiker wollten herausfinden, warum wir so leben, wie wir leben.

Dieses Büchlein bietet kein Konzentrat des Wissensbestands der Psychologie, auch keinen Bericht über den neuesten Stand der Forschung. Wer lesen möchte, was es in der Psychologie alles gibt, greift besser zum Lexikon.

Aus gutem Grund soll es hier um etwas anderes gehen. In der sogenannten Wissensgesellschaft scheinen wir nur noch Wissen zu wissen – als wäre die Welt bereits zu Ende gedacht. Im Internet steht ja alles »drin«; wir brauchen es nur runterzuladen. Aber das Fragen, das geht auf diese Weise verloren. Noch bevor wir uns über etwas wundern könnten, beschaffen wir uns »Infos«. Psychologie ist nicht interessant, wenn wir nur ihre Ergebnisse konsumieren. Denen kann man nicht mehr ansehen, auf welche Irritationen sie antworten. Die zeitgenössische Hochschul-Psychologie hat die Probleme der Lebenswelt unter Datenbergen abgelagert. Wir müssen den »Grund« psychologischen Fragens wieder freilegen, sonst können wir mit den Antworten nichts Sinnvolles anfangen.

I
Jedermanns Psychologie oder Vom Versuch, sich einen Reim aufs Leben zu machen

Einleitung

Mein Interesse für Psychologie stammt aus den frühen 1960er Jahren. Das war die Zeit der Schleiflackschlafzimmer, der andauernden Verdrängung der Kriegserlebnisse und der Erfindung des Resopal, auf dem sich keine Spuren abzeichneten, wenn man darauf arbeitete. Die heile Oberfläche war das Ideal. Unter Druck gesetzt durch ein bürgerlich-vernünftiges Bild vom Normalen und durch bestimmte Vorstellungen von dem, was man zu tun und zu lassen hatte, suchte ich nach einer Art Instanz, die Erlaubnis erteilen könnte für meine eigene Geschichte. Wie die aussehen sollte, wußte ich noch nicht. Ich wollte es herausfinden. Daß andere vorgaben, das an meiner Stelle wissen zu können, störte mich sehr. Geradezu entsetzt war ich über die frohgemute Unbefangenheit mancher Lehrer. Sie konnten oder wollten nicht verstehen, daß es anders mögliche Welten gab als diejenige, in der sie selbst sich »wirtschafts-wunderlich« neu etablierten.

Daß sich Mädchen mit Psychologie befaßten, wurde damals nicht geschätzt. Lehrer warnten davor – wie vor einer Gefahr. Es würde das Leben über die Maßen komplizieren. Fleiß und Pflicht sollten alles richten. Da sie sich selbst darin übten, die seelischen Probleme ihrer eigenen Geschichte aus dem Blick zu rücken, um noch einmal mit Disziplin über die Runden zu kommen, war ihnen der unruhestiftende Blick der Jüngeren nicht genehm. Durchaus im Zweifel darüber, wer nicht in Ordnung war, die anderen oder ich, »entdeckte« ich die Psychologie.

Psychologen beschrieben, daß es allgemeine Probleme der Entwicklung gibt – und individuelle Lösungen unter jeweils verschiedenen biographischen wie gesellschaftlich-kulturellen Bedingungen. Na also! Außerdem erfuhr ich etwas von unbewußten Zusammenhängen. Tiefenpsychologie anstelle der bürgerlichen Oberflächenpflege und der Verhüllungsästhetik durch abstrakte Formen. Also: Sigmund Freud, Carl Gustav Jung, Alfred Adler. Zu meiner Überraschung gab es sogar Tests, mit denen man Verborgenes (Unbewußtes) aufdecken konnte, sogenannte qualitative Verfahren wie »Rorschach« und »Thematischer Apperzeptionstest« (TAT).

Anstelle des Appells, mich zusammenzureißen, vernünftig zu sein und dem Willensaktivismus der Fortschrittsjäger zu folgen, fand ich in der Psychologie eine Autorität, die mir nicht vorgaukelte, daß das Leben einfach sei. Fragen und Probleme galten ihr als normal. Man konnte sie beschreiben, betrachten, herleiten, verstehen und, wenn es glücklich lief, irgendwann sogar lösen. Dann würden neue kommen, denn Konflikte gehörten zum Leben. Auf mich wirkte diese Einschätzung wie eine Entlastung. Nicht daß sich meine Lage dadurch drastisch änderte, aber ich hatte eine neue Perspektive.

Und noch etwas war wichtig: Freud, schrieb der amerikanische Psychologe William McDougall, hätte die Psychologie wieder auf das Niveau kunstvoller Romane gehoben. Literatur, Kunst, Psychologie hatten also etwas gemeinsam? Was das bedeutete, konnte ich damals noch nicht verstehen, aber es wies meiner Neugier die Richtung.

Entlarvungslust und Hilferuf

Ausgehend von dem – zuweilen berechtigten – Verdacht, Psychologen hätten die Psychologie besonders nötig, weil sie selbst »eine an der Klatsche« haben, begegnet man ihnen mit gemischten Gefühlen. Manchmal erinnere ich mich, wie andere darauf reagierten, daß ich Psychologie studierte. Auf Parties zum Beispiel konnte ich immer wieder sagen hören: »Oh, da muß man sich ja in acht nehmen!« Darin mischten sich Befangenheit und Ironie. Die Leute schienen der Stabilität ihrer eigenen Fassade zu mißtrauen. Offenbar gingen sie davon aus, Psychologen wären besonders interessiert und auch ohne weiteres in der Lage, einen anderen zu durchschauen. Als wollte und könnte ich sehen, was sie selbst nicht zeigen mochten: Ungereimtheiten, Unsicherheiten, wunde Punkte. Um nicht weiter behelligt zu werden, habe ich mir im Lauf der Jahre mit dem Kalauer geholfen, ich würde erst psychologisch zu denken beginnen, wenn ich dafür bezahlt werde. Das nahm auch mir die Befangenheit und war ironisch genug, um das Thema wechseln zu können.

Psychologie schüchtert ein und fasziniert zugleich. Wer sich gründlich mit ihr befaßt, so erwartet man, kann einem anderen hinter die Schliche kommen. Inzwischen gehören die verschiedensten psychologischen oder besser vulgär-psychologischen Tests und Fragebögen zum Bestand der Gesellschaftsspiele. Ein bißchen bloßstellen, ein bißchen entlarven, ein bißchen Macht über den anderen gewinnen – mancher findet das amüsant.

Mich hat das Bild, das sich andere von den Psychologen machen, damals überrascht. Ich wußte nicht von der mir unterstellten Fähigkeit. Während des Studiums war mir gerade erst klar geworden, wie schwierig es ist, die Eigenart eines anderen angemessen zu erfassen. Es gehört zwar zur Ausbildung, daß Psychologen lernen, die Persönlichkeit eines Menschen zu begutachten. Aber das ist mit erheblichem methodischem Aufwand und oftmals schwer lösbaren Fragen verbunden. So sollen sie etwa einschätzen, für welche Fortbildung oder für welchen Beruf jemand geeignet ist, welche Fähigkeiten in ihm schlummern, woran es liegt, daß sie nicht zum Zuge kommen, und wie man helfen kann, daß sie sich doch entfalten. In anderen Fällen sollen Psychologen herausfinden, ob ein Zeuge mit seiner Aussage vor Gericht glaubwürdig ist. Oder es geht um Fragen der Straffälligkeit: Läßt sich begründet vorhersagen, ob der Delinquent ähnliche Taten wiederholen könnte oder ob es eine einmalige Entgleisung war.

Wie jemand beschaffen ist, was ihn beunruhigt, was er wirklich will und kann und empfindet, das liegt nicht offen zutage. Es gehört zur Alltagserfahrung, daß Menschen die Maskerade lieben. »Das Leben ist eine Bühne«. Das Seelische trägt gleichsam eine Außenhaut des Verhaltens. Darin verbirgt sich anderes. Ohne es recht zu wissen, spielen wir Rollen und inszenieren unseren Umgang wie Schauspieler, die wahrgenommen werden wollen und auf Applaus hoffen. Aber woran man tatsächlich mit uns ist, das kann ein anderer nicht ohne weiteres sehen. Wir selbst sind uns ja oftmals fremd. Gerade noch haben wir uns für eine Unternehmung begeistert, wenig später scheint sie uns schal. Warum diese Wendung? Was ist geschehen? Was ist dazwischen gekommen? Wir können es nicht sagen. Unsere Verfassungen sind kippelig.

Wir wüßten gern, wie das zu verstehen ist und wie wir damit umgehen können. Psychologie soll helfen. In Gesellschaft werden Psychologen gern belagert mit dramatischen Berichten über die eigene Seelenlage, die der Kinder oder von guten Freunden. »Sie können doch bestimmt raten, was da zu tun ist!« Es sieht so aus, als suchte man Lebenshilfe aus berufenem Munde.

Boulevardblätter haben dieses Interesse aufgegriffen und stehen den Menschen mit Rat (ohne Tat) zur Seite, etwa nach dem Muster: »Fragen Sie Frau Irene!« Alle möglichen Probleme werden vorgestellt. Das reicht von: »Ich bin verliebt. Aber ich habe Pickel. Was soll ich tun?« bis zu Fragen wie: »Meine kranke Mutter braucht meine Fürsorge. Aber ich möchte auch einmal mit meinen Freunden in die Disco gehen. Wie kann ich mein freudloses Leben ändern?« und weiter noch: »Gibt es ein Leben nach dem Tod?« Fernsehsender suchen mit sogenannten Persönlichkeitstests im Unterhaltungsformat die Einschaltquote zu erhöhen: »Bleiben Sie dran, nach der Werbung werden wir Ihnen sagen, welcher Beziehungstyp Sie sind!«

Dem populären Interesse an Psychologie liegen die Lust am Durchschauen und Entlarven, aber nochmehr die Suche nach Rat und Hilfe zugrunde.

Privatpsychologie

Psychologie ist einem Fluß mit verschiedenen Quellen vergleichbar.

Eine dieser Quellen liegt in unseren alltäglichen Beobachtungen und Erfahrungen. Man muß nur einmal beachten, was wir einander erzählen: »Stell dir nur vor, kurz vor der Hochzeit hat sie alles hingeschmissen und ist auf und davon. Das Aufgebot war schon bestellt, die Einladungen in der Post. Was ist bloß in ihr vorgegangen? Die tickt doch nicht richtig!«

Dann geht es los, jeder kennt noch eine wunderliche Geschichte. Aber wir entrüsten uns nicht nur. Wir gewinnen auch Sicherheit und ein (trügerisches) Vertrauen in die eigene »Vernünftigkeit«, wenn wir uns gegen unvernünftiges Verhalten absetzen. Wir schöpfen Erklärungen aus dem Fundus unserer Privatpsychologie: »Das hat die schon immer so gemacht. Die hält einfach nicht aus, wenn es ihr gutgeht.« Oder: »Daß die sich nicht binden kann, das ist doch nicht neu.«

Psychologie beginnt mit dem Erzählen. Wir wollen noch einmal hören, was wir gesehen und erlebt haben, was uns erheitert, beunruhigt oder schlau gemacht hat, was wir befürchten und was wir erhoffen, was uns umgeworfen hat und wie wir wieder auf die Beine gekommen sind. Sprache vergegenwärtigt, akzentuiert, gliedert das Erlebte. Verhalten und Erleben verstehen sich nicht von selbst. Durch wiederholende Darstellung im Austausch mit anderen suchen wir unsere Stimmungen und Erfahrungen zu ordnen. Wir wollen uns vergewissern: »Kennst du das auch?« – »Ist es nicht so?« Wir machen uns einen Reim auf unsere Unternehmungen. Wie Münchhausen ziehen wir uns am Schopf aus dem Geschehen, um es betrachten und womöglich auch steuern zu können. Ohne es ausdrücklich zu bemerken, »behandeln« wir uns täglich aufs neue. So sind wir Amateurpsychologen von Anfang an.

Immer wieder spüren wir mit Unbehagen, wie abhängig wir sind von Einflüssen – wenn wir den »geheimen Verführern« der Werbung folgen, die Meinungen von Talk Shows übernehmen, das Verhalten von Film- und Fernsehstars nachahmen, als wären wir Puppen des Zeitgeistes. Vielleicht zappeln unsere Stimmungen und Handlungen aber auch am Faden von Trieben und unbewußten Besessenheiten oder auch von Wetter und Wind? Auch das gibt uns zu denken.

Jeden Tag zerbrechen wir uns den Kopf über die Wechselfälle des Lebens und versuchen sie zu erklären. Wenn einer stirbt, sagen wir: »der Tod« hat ihn geholt oder »der liebe Gott« oder »der Teufel«, oder der Kunstfehler des Arztes oder die falsche Ernährung, je nachdem. Offenbar wird uns leichter bei der Vorstellung, es gebe einen Täter oder Macher. Die Psychologie soll ihn stellen und namhaft machen.

Populäre Zeitschriften bedienen diesen Wunsch und auch mancher psychologische Ansatz. Das wird deutlich, wenn von Vermögen, Faktoren oder Kompetenzen die Rede ist oder von Strebungen, von Denken-Fühlen-Wollen oder von »der« Pubertät oder von »der« Sexualität, den Archetypen, dem Unbewußten, dem Minderwertigkeitsgefühl, der Phobie, dem Trauma. Aber in der Psychologie kommt noch etwas hinzu. Anders als die Privatpsychologien untersucht wissenschaftliche Psychologie das Zustandekommen bestimmter Handlungen, indem sie Rechenschaft ablegt über die Art ihres Fragens und die methodischen Prozeduren der Klärung.

Während wir uns im Alltag zumeist mit Einsichten von Fall zu Fall begnügen, legt wissenschaftliche Psychologie ihr Vorgehen offen und kontrolliert die Bedingungen, unter welchen sie zu ihren Erkenntnissen kommt.

Psyche, Seele, seelisches Geschehen

Das Wort »Psyche« stammt aus dem Griechischen; »psychein« meint hauchen, atmen, blasen, leben; »Psyche« heißt also »Lebenshauch«. So erzählen es auch die Schöpfungsgeschichten der Völker. In der Bibel etwa wird dem materialen Erdenkloß »Adam« (das hebräische Wort für »Mensch«) von einem Gott das Leben eingehaucht.

Das deutsche Wort »Seele«, so hat man interpretiert, spiele darauf an, daß unsere Lebens-Möglichkeiten vor der Geburt in einem See, also im Wasser aufgehoben waren. Das ist offenbar dieselbe Gegend, wo es auch die vielen Klapperstörche gibt. Verschiedene Zeiten, verschiedene Völker und Kulturen haben unterschiedliche Auffassungen entwickelt über das Herkommen der Seele und ihren Verbleib nach dem Tod. Allenthalben finden wir die Ansicht, das Leben der Seele reiche weiter als das des Körpers. Während der Körper mit dem Tod seine Gestalt verliert, wird die Seele – so glaubt man –, aus dieser Verbindung befreit, weiterexistieren. Auf Gemälden wird sie dargestellt als kleine menschliche Gestalt, die als Hauch aus dem Mund aufsteigt. Nach Auffassung des Buddhismus geht sie nun auf die Wanderung, um sich erneut in einem anderen Körper zu inkarnieren.

Wenn die »Psyche« oder »Seele« zum Objekt einer Wissenschaft mit Namen »Psychologie« gemacht wird, verliert sich die metaphysische und religiöse

Bedeutung. Gegenstand der Psychologie ist das seelische Geschehen oder abgekürzt: das Seelische. Damit sind die beobachtbaren Zusammenhänge des Verhaltens und Erlebens körperlich existierender Menschen gemeint, die in der jeweiligen historischen Raum-Zeit ihre Eigenart gewinnen.

Nichts versteht sich von selbst, und nichts bleibt, wie es war

Persönlichkeitsanalyse und Lebensberatung sind nur Teilbereiche der Psychologie. Sie fragt ebenso interessiert nach der Wirkung von Kunst, Medien, Handelsmarken und vielem mehr. Wie wir wohnen etwa, wie wir essen oder lieben, wie wir unsere Kinder behandeln, welche Autos uns gefallen, wie wir uns schneuzen –, alles, was uns selbstverständlich erscheint, das ganze Design der Wirklichkeit kann zum Untersuchungsgegenstand gemacht werden. Denn das Seelische wohnt nicht »innen«, es zeigt sich in seinen Werken.

Im Grunde geht es um die Frage: Wie ist es zu verstehen, daß wir uns unentwegt damit befassen, Wirklichkeit »in uns, um uns und um uns herum« zu verändern? Nichts können wir lassen, wie es ist. Stets soll es besser werden, schöner, glücklicher, dann wieder aufregender, toller, intensiver oder auch sicherer, einfacher, bequemer – auf jeden Fall anders.

Aus Zelten werden Hütten, aus Hütten werden stabile Häuser, aus Wiesen, Feldern und Wäldern werden Städte. Dort wachsen die Häuser immer weiter in die Höhe, bis sie die Wolken kratzen. Vom Boden entfernt, nehmen wir Pflanzen und Bäume mit und legen uns Gärten auf das Dach. Sogar Tiere bringen wir in diese künstlichen Welten.

Aus Erzählungen vor dem Feuer, aus Sprache und Gesang werden Bücher, Kompositionen, Schallplatten, CDs, Radios, Filme, Fernsehen, Telefone, Computer. Aus Kutschen werden Autos, Eisenbahnen, Schiffe, Flugzeuge, Raumschiffe. Nichts bleibt, wie es war. Wir brauchen nur fünfzig Jahre zurückzublicken. Das ist eben der Fortschritt, sagen manche und tun so, als wäre das selbstverständlich und als gäbe es keine Kehrseiten.

Psychologen fragen demgegenüber, wie das Seelische gebaut ist, daß es all das betreibt. Offenbar kann es nicht stillstehen. Liegt das allein daran, daß wir das Ziel stets verfehlen und neu ansetzen müssen? Oder geht es vielleicht um das Verwandeln-Können? Gestaltung und Umgestaltung, formulierte Goethe, sei des ewigen Sinnes ewige Unterhaltung. Gestaltung als Sinn? Ähnlich spricht der Buddhismus, wenn er den Weg wichtiger findet als das Ziel. Verschiedene Antworten finden wir in den verschiedenen Psychologien auf die Frage, was unser Verhalten und Erleben letztlich in Schwung hält.

Die Seele im Mythos: Amor und Psyche

Eine märchenhafte Darstellung der Seele finden wir in den *Metamorphosen* des römischen Dichters Apuleius, der im 2. Jahrhundert n. Chr. lebte. Er erzählt vom Schicksal einer jungen Frau, die den Namen »Psyche« trägt.

Psyche ist als jüngste von drei Königstöchtern dergestalt schön, geradezu himmlisch schön, daß sie den Neid von Aphrodite (Venus), der Göttin der Liebe, erweckt. Aphrodite ärgert sich darüber, daß die Menschen der Psyche Geschenke darbringen, während sie selbst vernachlässigt wird. Sie sendet ihren Sohn Amor auf die Erde, damit er Psyche bestrafe. Doch der Gott Amor, ein mit Flügeln versehenes männliches Wesen, verliebt sich in die Schöne und begehrt sie. Die Kunst der Antike hat Psyche als weibliche Gestalt mit Schmetterlingsflügeln in der Umarmung mit Amor dargestellt.

Psyches Vater, dem das Orakel geweissagt hatte, Psyche werde ein Ungeheuer heiraten, das über Menschen und Götter herrschen will, folgt dem Rat, Psyche auszusetzen. So führt er sie wie zur Beerdigung auf einen hohen Felsen und läßt sie dort allein zurück. Am Rande eines jähen Abgrunds stürzt sie jedoch nicht zu Tode, sondern wird in Amors Auftrag zauberhafterweise von Zephir zu einem Palast in anmutigen Gefilden emporgetragen. Dort genießt Psyche in den Nächten die Seligkeiten der Liebe – sie weiß aber nicht, mit wem. Denn sie darf ihren Liebhaber nicht betrachten, darf nicht fragen oder nachforschen, wer er denn sei oder woher er kommt.

Aber Psyche kann sich mit ihrem Glück im Unbestimmten nicht zufriedengeben. Mitten in ihrer Seligkeit sehnt sie sich zurück nach dem irdisch Vertrauten und berät sich mit ihren Schwestern. Die neiden ihr das himmlische Glück und schüchtern sie ein. Der unsichtbare Liebhaber sei in Wirklichkeit das Ungeheuer, das Psyche nach dem Leben trachtet. Die Schwestern geben ihr den törichten Rat, ihm zuvorzukommen und ihn zu töten. Doch zunächst wollen sie selbst Psyches Glück erleben. Sie lassen sich vom Felsen fallen – werden aber anders als ihre Schwester nicht sanft aufgefangen, sondern stürzen zu Tode.

Psyche schleicht mit einem Öllämpchen und einem Dolch in der Dunkelheit zu ihrem schlafenden Liebhaber, erkennt in ihm den Gott Amor und ist so aufgeregt und erschrocken, daß ein Tropfen heißen Öls auf seine Schulter fällt. Amor erwacht, entdeckt ihr böses Ansinnen und verläßt sie voller Zorn. Von nun an irrt Psyche auf der Erde umher und sucht nach ihm, aber nirgendwo kann sie ihn finden.

Drei Aufgaben stellt ihr die Göttin Aphrodite, und Psyche kann sie lösen. So darf sie weiterleben. Doch auf der Erde sitzend muß sie ihr schwarzes Brot in Einsamkeit verzehren. Schließlich erhält Psyche eine vierte Aufgabe. Sie soll in die Unterwelt hinabsteigen, um von dort in einer hübschen Pyxis (Büchse), die Aphrodite ihr mitgegeben hat, ein bißchen von Persephones Schönheit mitzubringen. Persephone ist die außerordentlich schöne Göttin der Unterwelt, dem Gott Hades vermählt. Außerdem soll Psyche eine Probe des Tod und Leben bedeutenden Wassers aus dem Fluß Styx, den die Toten überqueren müssen, in einer kleinen Urne mitbringen. Tatsächlich gelingt es Psyche, in die Unterwelt zu gelangen, zu Persephone vorzudringen und die Pyxis füllen zu lassen, welche sogleich wohlverschlossen wird. Ungeöffnet soll Psyche das Gefäß zu Aphrodite nach oben bringen.

Doch das hält Psyche nicht aus. Sie kann der Versuchung nicht widerstehen, das Gefäß zu öffnen. Gefährliche Dämpfe entweichen, und Psyche fällt in einen tiefen Todesschlummer.

Amor, der ohne die geliebte Psyche, dieses flatterhafte Wesen, nicht existieren kann, kommt ihr noch einmal zu Hilfe. Er versiegelt die Büchse aufs neue und erweckt sie wieder zum Leben. So besteht Psyche auch diese letzte Prüfung. Die Geschichte geht glücklich aus. Amor vermählt sich mit Psyche und lebt fortan mit ihr im Reich der Götter auf dem Olymp. Ein Kind wird ihnen geboren, das den Namen »Voluptas« (Lust) erhält. Und da man dort bei den Göttern nicht sterben muß, leben sie noch heute, glücklich vereint: das schöne Verlangen, die Liebe und die Lust.

Psyche, die personifizierte Seele, so erzählt der Mythos, ist von unruhiger Neugier und mit einem Hang zum Überschreiten von Grenzen getrieben. Mit der ungreifbaren Seligkeit ist sie nicht zufrieden. Fassungslos stürzt sie in die Dramatik des Wirklichen. Ihre Aufgaben wählt Psyche nicht selbst, Götter geben sie vor oder das Schicksal. Nun muß die Schöne Werke verrichten. Prüfungen bestimmen ihren Lebensweg. Todesgefahr und Überwindung, Trennung und Liebesglück, Sehnsucht nach Verlorenem und Rettung sind bedeutsame Themen ihrer Geschichte.

Würde sich nicht Amor, »die alles befruchtende und Gestalten bildende Kraft« (Karl Philipp Moritz: *Götterlehre*) mit ihr vermählen, müßte sie sich in Sehnsucht verzehren und sterben. Zwar will und muß Psyche ihr Leben nach eigenem Gutdünken gestalten, aber sie kommt nur zu sich, wenn sie die Gaben fremder Mächte annimmt.

Aufklärung und »Erfahrungsseelenkunde«

Lange vor der Universitätspsychologie, in der Zeit der Aufklärung, trat die Psychologie auf den Plan. Damals lösten die Menschen der westlichen Kultur ihren Lebensentwurf aus der selbstverständlichen Pflicht zur Gottesebenbildlichkeit. Sie setzten nicht mehr auf ein seliges Leben im Jenseits, sondern orientierten sich im Irdischen. Damit waren neue Fragen verbunden. Statt sich den Kopf darüber zu zerbrechen, wie Menschen sein sollten, wollte man verstehen, wie Menschen wirklich sind. Deutlicher Ausdruck dieser Bemühungen war das »Magazin der Erfahrungsseelenkunde«, herausgegeben von 1783 bis 1793 von Karl Philipp Moritz, dem Autor des Buches *Anton Reiser* und damit Begründer des »psychologischen Romans«.

Den Menschen mit sich selbst vertraut zu machen ist seine Absicht – durch Berichte aus dem wirklichen Leben, nicht durch »moralisches Geschwätz«. Moritz, hundert Jahre vor Sigmund Freud geboren, stellte ausdrücklich dem moralisch bestimmten und vernunftgemäß ausgedachten Seelen-Schema die Beschreibung von »Thatsachen« gegenüber. Dazu bat er Vertreter aller Stände um Beiträge, die er dann unter Rubriken ordnete: Seelennaturkunde, -krankheitskunde, -zeichenkunde, -diätetik und so fort. Beschreibungen von Lebensgeschichten, Beobachtungen an Taub- und Stummgeborenen, psychologische Zergliederungen der Sprache als Ausdruck seelischer Verhältnisse, Erinnerungen aus den ersten Jahren der Kindheit, Verrückung aus Liebe, ahnendes Vorgefühl einer Krankheit, psychologische Bemerkungen über das unwillkürliche Lachen – eine bunte Fülle von Phänomenen wurde vorgestellt. Skurriles war auch darunter, gewiß.

Aber es ging der Erfahrungsseelenkunde nicht um die Anhäufung einzelner Informationen über seelische Gegebenheiten, wie das heute häufig der Fall ist. Karl Philipp Moritz wollte die Leser seiner Zeitschrift vertraut machen mit Eigen-Sinn und Eigen-Recht der Individualität. Weder Religion noch aufgeklärte Rationalität waren nach seiner Auffassung befugt, den Spielraum seelischer Verwandlung zu begrenzen. Denn jeder Mensch hat ein Recht auf Entfaltung seiner Individualität, weshalb sich Moritz auch für die Republik als angemessenen politischen Rahmen aussprach und die Reduktion des Menschen auf einen Untertanen vehement zurückwies. Deutlich spürt man in seiner Parteinahme für Individualität die Nachbeben der Französischen Revolution. Jede beschreibende Psychologie nimmt, zumindest implizit, Stellung zur historischen Situation, in der sich Verhalten und Erleben gestalten. Das ist in unserer Zeit nicht anders.

Die Seele im Labor

Wenn auch psychologisches Fragen so alt ist wie die Geschichte der Menschheit, so ist Psychologie als Wissenschaft im engeren Sinn eine relativ neue Erscheinung – jedenfalls wenn man die Psychologie der Dichter außer acht läßt und ihre Institutionalisierung an der Universität zum Kriterium macht. Im Jahr 1879 wurde an der Universität Leipzig das erste Institut für »Experimentelle Psychologie« eingerichtet, das von dem Philosophen und Psychologen Wilhelm Wundt geleitet wurde. Bis dahin waren Psychologie und Pädagogik noch der Philosophie einverleibt gewesen. Beeindruckt vom Fortschritt der Naturwissenschaften zu Ende des 19. Jahrhunderts, sollte nun auch das Verhalten und Erleben der Menschen mit Maß und Zahl erkundet werden. Man versprach sich von den exakten Methoden der Naturwissenschaften, in erster Linie vom »Experiment«, eine genaue Bestimmung der seelischen Bausteine oder Grundkräfte. Nach dem Vorbild von Physik und Chemie untersuchte Wilhelm Wundt in seiner »Physiologischen Psychologie« die »Elemente« des »Bewußtseins«, die Verbindungen dieser Elemente sowie deren Verbindungsgesetze. Um die Strecke zwischen »Reizaufnahme« und »Reaktion« genau erfassen zu können, wurden eigens Apparate konstruiert. Das komplexe seelische Geschehen wurde – künstlich – in kleinste, meßbare Bestandteile zerlegt. Meßbar war etwa die »Reaktionsgeschwindigkeit«. »Trieb«, »Apperzeption« und »Wille« wurden als Kräfte festgestellt, die die Elemente durch »Synthese« verbinden.

Im einzelnen zu rekonstruieren, was damit nun gewonnen war, können wir getrost der Wissenschaftsgeschichte der Psychologie überlassen. Auf den psychologischen Laien wirkt das Ganze etwas abstrus, weil mit der Atomisierung die Ebene verständlicher Zusammenhänge verlassen wird. Interessant für unsere Orientierung im weiten Feld der wissenschaftlichen Psychologie ist allein folgendes. Bis heute lassen sich in der Psychologie zwei Richtungen unterscheiden. Die eine arbeitet in Anlehnung an die Naturwissenschaften mit dem »Erklären«, die andere im Sinne von Geistes- und Kulturwissenschaften mit dem »Verstehen« (Wilhelm Dilthey).

1968er-Bewegung und Psycho-Boom

In den 1960er Jahren trat in der Bundesrepublik zunächst die Soziologie in den Blick der Öffentlichkeit. Ihre spektakuläre Gesellschaftskritik zielte auf Revolutionierung liebgewordener bürgerlicher Vorstellungen. Tradierte Hierarchien und die Forderung nach Gleichberechtigung unterschiedlicher Lebensformen prallten aufeinander. Chancengleichheit für Menschen aus den sogenannten unteren Schichten der Gesellschaft wurde zum Schlachtruf.

In diesem Rahmen artikulierte sich auch die Psychologie. Mit großangelegten Untersuchungen konnte sie nachweisen, daß nicht ein Mangel an Intelligenz oder Begabung dafür verantwortlich war, daß nur wenige Arbeiterkinder den Weg zum Gymnasium schafften, sondern die Lebensverhältnisse. Neue Schulformen wie die der Gesamtschule sollten die Begabungsreserven beleben. Das Berufsbild des Schulpsychologen konsolidierte sich.

Im Zuge der 1968er-Bewegung kam es zu einer Liberalisierung der Lebensformen. Eltern, die sich hinter den Aufgaben des Geldverdienens verschanzten, wurden zu hoffnungslos Gestrigen erklärt. Schuldhaft befangen in den Nachwehen des angezettelten und verlorenen Krieges, verweigerten sie die Auseinandersetzung mit der Vergangenheit und bewegten sich nach dem Vorbild des technischen Fortschritts stromlinienförmig voran. Die junge Generation wehrte sich gegen dieses neue Seelenkorsett und geriet in einen regelrechten Freiheitstaumel. Seid Sand, nicht Öl im Getriebe der Welt, hatte Hans Magnus Enzensberger geschrieben. Selbstverwirklichung hieß die Losung. Bürgerliche Grenzen waren zum Überschreiten da: Bewußtseinserweiterung um jeden Preis, auch mithilfe von Drogen. Endlich konnte man seine Sexualität ungestraft ausleben. Alles schien möglich. Aber man konnte auch ganz schön verloren gehen. Daß dann bei manchen die politische Freiheit zu Terror eskalierte, hat viele geschockt.

Inzwischen war das alte, Orientierung bietende Lebensbild bis zur Unkenntlichkeit verwischt. Wenn die tradierte Moral keinen Halt mehr bot, so vermochten das vielleicht noch unbekannte, allenfalls geahnte Kräfte des Seelenlebens. In Sensitivitytrainings und Selbsterfahrungsgruppen wurde das Seelische ausgelotet. Die Psychologie boomte. Psychologen avancierten zu Stellvertretern der seelischen Möglichkeiten auf Erden. Jeder, der danach suchte, fand seinen Guru, und wenn er bis nach Indien reisen mußte. Lebensbilder, die noch von den Ursprüngen kündeten und das Einssein mit dem Kosmos versprachen, wurden importiert. Man kann wohl sagen, daß die seelische Globalisierung der wirtschaftlichen vorauslief.

In den 1980er Jahren folgte die Multi-Kulti-Spaßkultur der Generation Golf mit dem Motto: »Ist doch alles nicht so wichtig!« Freizeitparks hatten Zulauf, Abenteuerurlaub war in. Man konzentrierte sich jetzt ganz auf die eigene Befindlichkeit, Yuppies und Nischenkuschler bauten ihre Eigenwelten aus. Seelische Loopings verlangten nach neusprachlicher Akzentuierung: »abgefahren«, »cool«, »geil«.

In der Gegenwart, in einer neu erfahrenen Wirklichkeit des Mangels und der knapp werdenden Ressourcen macht sich Ratlosigkeit breit. Unsere Gesellschaft scheint ihre Mitglieder nicht mehr brauchen zu können. Nach einer wirtschaftlichen

Phase des Überflusses erleben sie plötzlich, selbst überflüssig zu sein. Eine Zeitlang war das genießbar, aber seit auch die Mittel für die Selbsttröstung auf den Spielwiesen der Freizeitkultur knapper geworden sind, spüren nicht allein die fünf Millionen Arbeitslosen, daß sich das Leben geändert hat und daß etwas geschehen muß.

Daß Einschränkung auch eine gute Seite hat, ist schwer zu vermitteln. Wieder sind Psychologen gefragt – jetzt aber in anderer Hinsicht. Das Thema »Schluß mit lustig« hat Konjunktur. Besinnung soll einkehren. Betriebsam wird nach sogenannten Werten gesucht. Wo sind sie hin? Wie kann man sich in einer aus unterschiedlichen Kulturen zusammengewürfelten Lebenswelt überhaupt noch orientieren? Angesichts der global ausgeweiteten Horizonte und der gleichzeitigen Erfahrung, daß die Gürtel enger geschnallt werden müssen, erwartet man jetzt von der Psychologie Hilfe für eine zeitgemäße Erdung des Seelischen. Mut und Optimismus sollen angekurbelt, sogenannte Kompetenzen für den Konkurrenzkampf (der »Kulturen«) gestärkt, Versorgungsanspruch und Einzelinitiative neu justiert werden.

So wäre Psychologie also eine von der Gesellschaft eingerichtete Instanz, die den einzelnen an die veränderten Lebensformen anpaßt? Wir werden sehen.

II
Psychologie – Ein Thema mit Variationen

Psychologie extra light

Einer aktuellen repräsentativen Umfrage des Meinungsforschungsinstituts Forsa zufolge ist das Interesse der Bundesbürger am Thema Psychologie riesig. Von allen Befragten, insgesamt 1077 Menschen im Alter von 25 bis 59 Jahren, möchten 60% mehr über psychologische Themen hören, sehen oder lesen. Die meisten Frauen (70%), Singles (68%) und Großstädter (64%) und immerhin noch über die Hälfte aller Männer (52%) möchten mehr darüber wissen. So berichtet das unlängst neu gegründete Psychologie-Magazin »emotion«, das die Untersuchung in Auftrag gegeben hat.

Während es in den 1960er Jahren nur ein paar Tausend diplomierte Psychologen in der Bundesrepublik gab, sind es heute etwa 50 000. Auf einen Studienplatz kommen fünf Bewerber. Daß Psychologie bei seelischen Problemen hilft, glauben 84% der Befragten; in der Erziehung, meinen 80%; bei Konflikten und Krisen, 71%; bei der Persönlichkeits-Entwicklung, 59%. Jeder Sechste hat schon einmal eine Therapie gemacht. 93% finden Psychotherapie sinnvoll. Psychologen arbeiten in Unternehmen, in Schulen, in der Werbung, im Leistungssport, in der Markt- und Medienforschung, in den Fernsehanstalten, in der Arbeitsvermittlung – als Diagnostiker, als Therapeuten, als Karriere-Coachs. Der Witz bringt es auf den Punkt: Ein Psychologe steigt in ein Taxi. »Na, wo soll's denn hingehen?« »Ach, fahren sie mich einfach irgendwohin, ich werde überall gebraucht!«

Die Psychologie sei in der Gesellschaft angekommen, konstatiert das neue Magazin. Aber als was? Das populäre Interesse an der Psychologie gilt besonders den Einzelaussagen. Es gibt auch Fast Food für die Seele. Neuere Untersuchungen zeigen..., heißt es lapidar in Tageszeitungen und Zeitschriften. Dann wird das jeweilige Thema vorgestellt: Wie funktioniert das Gedächtnis, und wie können wir es verbessern? – Bin ich noch normal? Ich komme immer zu spät. – Nur Sie selbst können Ihre Träume deuten. – Simple Regeln, die das Zusammenleben einfacher machen. – Angst ist ansteckend. – Wer viel lacht, hat weniger Schmerzen. – Wann wir zu Schokolade und wann wir zu Fleisch greifen. – Was beeinflußt unsere Laune? – Gibt es das Böse im Menschen? – Die richtige Strategie für mehr Charisma. – Wie prägt Mami unser Hirn? – Wie wünschen wir uns unseren Psychiater? – Warum wir Geheimnisse brauchen.

Augenblicksgenuß an Pröbchen vom seelisch Eingemachten, ein Potpourri – allein, es fehlt das geistige Band, hätte weiland Goethe geklagt. Das mag verstaubt und altmodisch klingen, aber losgekoppelt vom jeweilgen Wissenschafts-Konzept mit seinen Voraussetzungen, Hypothesen und Untersuchungsverfahren befinden sich psychologische Kenntnisse im freien Fall. Etwa so: »Herr Doktor, mein Mann sitzt völlig homöopathisch im Sessel und infisziert sich für gar nichts mehr. Kann man das mediterran behandeln, oder müssen wir zu einem Psychopathen?«

Wissenspartikel kann man angemessen nur verstehen, gewichten und genießen, wenn man ihre Herstellungsbedingungen kennt. Bei Fertigprodukten im Supermarkt sind wir eher vorsichtig und fragen danach.

Was stellen sich eigentlich die nach ihrer »Meinung« befragten 1077 Kreuzchensetzer unter »Psychologie« vor? Fast alle Befragten (über 90%) glauben, daß man mit Kenntnissen über Psychologie seine Mitmenschen besser manipulieren kann. Aha. Psychologie dient also der Anfertigung eines »sozialen Schmiermittels«? Das würde der Philosoph Harry G. Frankfurt jedenfalls sagen. In seiner Betrachtung des »Bullshit« – wie er in Verkaufsgesprächen oder im Politik-Talk produziert wird – weist er darauf hin, daß wir über die meisten Themen des Lebens nur ein kleines bißchen wissen, aber so tun, als hätten wir das Ganze im Griff. Aus der Sicht des Philosophen ein probates Mittel, soziale Beziehungen zu erleichtern. Am besten verstehen wir uns alle im Ungefähren. Bullshit entstehe an Stellen, wo wir eigentlich schweigen müßten. Wir kennen und verstehen uns selbst und die anderen nur wenig, betont der Autor. »Wer also so tut, als ob er sich kennt und versteht, und darüber mit anderen spricht, der wird sehr viel Bullshit produzieren.« (Harry G. Frankfurt, in: »Die Zeit«, 22. Februar 2006, vgl. auch sein Buch *Bullshit*, Frankfurt/Main 2006)

Das geheuchelte Bescheidwissen funktioniert so, daß wir den Psychojargon auf eigentlich rätselhafte Prozesse pfropfen. Wir fangen gar nicht erst an zu beobachten, zu beschreiben, zu erkunden. Statt dessen reden wir von »Streß«, von »emotionalen Gefühlen«, von »Trauma«, von »Panikattacken«. Selbst von ihrem »Unbewußten« reden manche mit einer Vertrautheit, als würden sie ein Schmusetier streicheln, dessen Vorlieben sie ganz genau kennen.

Die Klassiker und ihre Fragen

■ **Fall 1:** Gehen wir zurück in das 19. Jahrhundert, um an einer Demonstration teilzunehmen. Nein, nicht auf der Straße, wir sind in einem Krankenhaus in Paris, in der berühmten Salpêtrière. Monsieur le Professeur Jean-Martin Charcot stellt seinen Kollegen und Studenten eine Auswahl von Patienten vor. Einer wird in den Hörsaal gefahren. Er kann nicht gehen. Seine Beine sind gelähmt. Er spürt die Nadel nicht, die der Professor in das Fleisch sticht. Erhält der Patient aber, in Hypnose versetzt, die Aufforderung, aufzustehen und zu gehen, dann können sich seine Beine plötzlich wieder bewegen. Ebenso gelingt es, bei einem Patienten ohne Gehschwierigkeiten durch Hypnose eine Lähmung der Beine zu bewirken. Er kann nicht mehr laufen.

Was sagt dieses unheimlich wirkende Geschehen über das Seelische? Wäre es wirklich möglich, daß wir in verschiedenen Zuständen existieren, die nichts voneinander wissen? Wie läßt sich das verstehen?

■ **Fall 2:** Ein Professor, sein Erkennungszeichen ist ein gewaltiger Schnurrbart, wandert im Engadin um einen See herum und läßt sich schließlich vor einem pyramidalen Felsbrocken nieder. Dort verweilt er lange Zeit. Wie ein Schlag trifft ihn die Vision von der ewigen Wiederkunft des Gleichen. Plötzlich begreift er all das Merkwürdige, das er an den Menschen beobachtet hat – auch an sich selbst. Das Dasein hat gar kein Ziel. Es dreht sich nicht um etwas, es dreht sich nur. Hätte das Dasein ein Schlußziel, meint der philosophische Psychologe Friedrich Nietzsche, es müßte erreicht sein – nach all den Jahrhunderten, in denen sich die Menschen mit dem Verbessern von Mensch und Welt so große Mühe gegeben haben.

Spinnt Nietzsche, oder beunruhigen uns seine Gedanken, weil sie mit einem liebgewordenen Konzept brechen? Bewegt sich unser Leben denn nicht auf der Zielgeraden des Fortschritts? Dreht es sich einfach nur im Kreis? So möchten wir unser Leben nicht ansehen. Denn wenn es nicht um unser werktätiges Verbessern und Zurechtrücken geht, was bliebe dann übrig? Wären wir dann noch für irgend etwas gut oder nötig oder wichtig?

■ **Fall 3:** Ein ganz anderer Professor sitzt in Minneapolis mit einer Schüssel auf den Knien und formt nahrhafte Kügelchen aus einer Masse. Wenn's genug ist, gibt er die Kügelchen in ein selbstgebasteltes Gerät, das mit einer selbstgebastelten Schachtel verbunden ist. Darin hält sich eine Ratte auf. Er registriert ihr Verhalten ganz genau. In der Schachtel gibt es eine Taste. Wenn die Ratte zufällig drauf tappst, rollt ein Kügelchen zu ihr herein, das sie sogleich runtermümmelt. Nach einer Weile tappst sie wieder zufällig auf den Hebel, wieder rollt ein Kügelchen herein, das sogleich im spitzen Mäulchen verschwindet. Der Professor zählt und hält genau fest, wie vieler Wiederholungen es bedarf, bis sich die Ratte unentwegt am Hebel zu schaffen macht, so daß ein Kügelchen nach dem anderen zu ihr in den Käfig hineinrollt.

Etwa so, meint der Professor, stabilisiere sich das Verhalten der Lebewesen, der Ratten, Tauben, Menschen, Katzen oder Hühner: Ein Organismus in Bewegung trifft zufällig auf einen Reiz (Hebel) mit der Konsequenz, daß etwas Angenehmes (Futter) folgt. Wenn das mehrfach passiert, werde jene Bewegung des Organismus, die diese erfreuliche Folge auslöst, in ihrer Auftretenswahrscheinlichkeit verstärkt. Skinner nennt das »operantes Konditionieren«.

Was soll das? Rückt Burrhus Frederick Skinner, der Begründer des Neobehaviorismus, etwas in den Blick, das Seelisches zutreffend charakterisiert? Hocken wir vielleicht in einer Schachtel und werden wie Marionetten gesteuert, indem wir automatisch auf isolierte Reize reagieren? Bringen wir von der Fülle möglicher Verhaltensweisen gerade diejenigen ins Spiel, die eine starke Wirkung hatten?

■ **Fall 4:** Die (psychologiegeschichtlich) älteren Verwandten von Skinners Ratten waren übrigens Hunde. Sie dienten dem russischen Physiologen Iwan P. Pawlow zu Experimenten. Er operierte sie und setzte ihnen einen Schlauch ein, mit dessen Hilfe der Magensaft gemessen werden konnte. Wenn ein Hund Futter wittert, sondert er Magensaft ab. Pawlow hat in Experimenten gezeigt, daß der Speichelfluß eines Hundes, ursprünglich eine reflexgesteuerte Reaktion auf den Reiz Nahrung, auch bei einem Klingelton auftritt, wenn der hinreichend oft bei der Futtergabe zu hören war. Der Hund hat einen »bedingten Reflex« gebildet; das heißt, sein Verhaltensrepertoire erweitert und differenziert sich. Selbst Glöckchen- oder Pfeifentöne konnten den Speichelfluß auslösen. Es hatte eine Generalisierung stattgefunden.

Begeisterung hat Pawlow unter den experimentell arbeitenden Wissenschaftlern auch dadurch ausgelöst, daß er bei Hunden seelische Störungen experimentell produzieren konnte. Ganz ähnlich ist es Skinner gelungen, Tauben irre zu machen. Wenn jede Bewegung, die nach links geht, systematisch durch Futtergabe verstärkt wird, endet das damit, daß sich die konditionierte Taube nur noch linksherum drehen kann. Ein Experimentator hat offenbar die Macht, Lebewesen durch Dressur zur Wiederholung bestimmter Verhaltensweisen zu bringen.

Ist die Welt vielleicht ein Zirkus und das Seelenleben ein Affe, dessen Verhalten irgendwelche Dompteure, Eltern oder anders Mächtige, willkürlich formen? Wird unser Seelenleben denn nicht von uns gemacht? Gewinnt es etwa seine Bestimmtheit durch Automatismen, von denen wir nichts spüren?

■ **Fall 5:** In Wien sitzt ein Professor gemütlich hinter einer Couch, auf welcher ein Mensch ruht, dem seine Fröhlichkeit abhanden gekommen ist. Jede Stunde ein anderer, an manchen Tagen bis zu zehn. Der Professor leitet sie an, ihre seelischen Regungen sprachlich mitzuteilen, einfach so, wie sie ihnen gerade einfallen. Es können auch Träume sein oder Erinnerungen. Er hört nur zu oder fragt gelegentlich nach Verzweigungen, nach weiter zurückliegenden Momenten, um selbst verstehen zu können. Der Professor scheint die Erzählenden zu begleiten, während sie noch einmal in andere Räume gehen, in andere Zeiten.

Manchmal ist es auch ganz still. Das sind wichtige Augenblicke. Es gibt Probleme, welche die Menschen mit der Sprache gar nicht erreichen. Im Lauf vieler Gespräche findet Sigmund Freud heraus, daß jeder etwas mit sich schleppt, das er gern abwerfen würde. Aber zugleich hängt er daran. Er kann nicht davon lassen. Gemischte Gefühle, verbotene Wünsche, enttäuschte Sehnsucht, nichterwiderte Liebe. Sie können es kaum ertragen, wenn »es« hörbar wird. Es gefällt ihnen auch nicht immer, wenn der Professor Linien zieht zwischen den verschiedenen Erzählstücken wie auch zwischen aktuellen und vergangenen Ereignissen. Die Vergangenheit, die ist doch vorbei – oder etwa nicht?

Ist unser Leben denn eine Geschichte, deren Autor wir nicht selber sind? Wir waren doch selber dabei. Wie ist es möglich, daß wir unsere eigene Geschichte mißverstehen können? Erzählen wir sie vielleicht auf eine bestimmte Weise, um uns nicht so sehen zu müssen, wie wir im ganzen sind? Sigmund Freud spricht von Schutzdichtungen.

■ **Fall 6:** Ein anderer Professor reist zu Beginn des 20. Jahrhunderts nach Teneriffa, nicht um Urlaub zu machen, sondern um eine psychologische Frage zu klären. Wolfgang Köhler beobachtet Menschenaffen, die in einem großen Gehege leben, das die preußische Akademie der Wissenschaften auf Teneriffa eingerichtet hat.

Was macht Koko, wenn sich die begehrenswerte Banane außerhalb seiner Reichweite befindet? Sie liegt vor dem Käfig oder ist viel zu hoch angebracht. Im Käfig befinden sich noch irgendwo Gegenstände, Kisten oder ein Stock. Eine Zeitlang versucht Koko das Objekt seiner Begierde auf direktem Weg zu bekommen. Er springt und schwingt oder streckt den Arm, so weit er nur kann, aber vergeblich. Koko hat ein Problem.

Erst nach geraumer Zeit, eine Stunde kann darüber vergehen, geschieht es, daß er die neutralen Gegenstände in seinem Umfeld als Zwischenstück (Werkzeug) »sieht«, das die Lücke, die im Handlungsverlauf klafft, zu schließen verspricht. Längere Zeit müht sich Koko dann mit dem Auftürmen der

Kisten. Schließlich springt er hinauf und erreicht die Banane. Oder er »sieht« den Stock auf der Linie zur entfernt liegenden Frucht und kann ihn als Werkzeug einsetzen, das seinen Arm verlängert.

Werden auch unsere Probleme dadurch lösbar, daß sich die einzelnen Momente zu einer Gestalt fügen? Wird unsere Findigkeit durch die Lust auf Zusammenhang und Ordnung belebt? Ist es die schöne Gestalt (die gerade Linie, der geschlossene Kreis), die unser Verhalten und Erleben lockt?

■ **Fall 7:** Ein junger Mann, er hat gerade sein Philosophie- und Psychologiestudium abgeschlossen, zieht als Soldat in den Ersten Weltkrieg. Er kann es kaum fassen, wie sich das gesamte Leben ändert. Bald schon liegt er mit einer Verwundung im Lazarett und hat dort Zeit, seine Beobachtungen und Schlüsse festzuhalten. Daraus wird seine erste psychologische Studie, *Kriegslandschaft*.

In der quasi-experimentellen Situation des Krieges festigt sich Kurt Lewins Auffassung, daß die Vorstellung von »derselben« Landschaft oder »demselben« Menschen psychologisch unsinnig ist. Pawlows Welt der objektiv gegebenen Realität mit identischen Reizen existiere strenggenommen nicht einmal im Labor, meint Lewin. Er betont demgegenüber, daß ein Spaziergänger oder ein pflügender Bauer in Friedenszeiten sich in einem psychologisch andersgearteten Feld oder Lebensraum befindet als der Soldat. Für den Menschen im Krieg polarisiert sich die Landschaft in Richtung Feind und in Richtung Hinterland. Weiterhin wird für ihn die Landschaft zu etwas, das ihn decken und schützen oder ausliefern kann. Und während fremdes Eigentum für ihn sonst tabu ist, fragt er jetzt lediglich, ob es das eigene Leben zu sichern vermag. Wenn ja, bedient er sich.

Mancher mag vielleicht denken, na ja, im Krieg, da ist eben alles anders, das weiß man ja. Aber für Lewin steckt in dieser Erfahrung etwas Prototypisches.

Existieren wir nicht überhaupt in Lebensräumen, die durch unsere jeweilige Befindlichkeit ihr Gepräge erhalten? Und nimmt unser Seelenleben selbst im Austausch mit Wirklichkeit seine jeweilige Gestalt an?

Wie steht es mit der Beziehung zu anderen Menschen? Organisiert sie sich ebenso? Dann wären Menschengruppen nicht als lose Assoziation gleichbleibender Individuen zu begreifen, sondern als Gebilde mit eigener Dynamik. Da sitzt das Seelische wohl gar nicht innen, sondern in der Atmosphäre einer Gesamtsituation?

■ **Fall 8:** Ein Arzt, der selbst starke Augengläser trägt, macht eine Beobachtung, die zur Entdeckung seines Lebens wird und ihn zum Psychologen macht. Ihm fällt auf, daß Menschen mit einem körperlichen Handicap dazu neigen, sich gerade im Umkreis ihrer Behinderung besonders zu qualifizieren. Warum will ausgerechnet jemand mit einem Gehfehler zum versierten Bergsteiger werden? Warum will ein anderer, der nicht gut sehen kann, unbedingt Vorleser, Sekretär oder Maler werden? Wie ist das zu verstehen?

Ist es vielleicht überhaupt so, daß es gerade die Schwierigkeiten sind, die uns aufstacheln, etwas Großartiges aus uns zu machen? Verstehen wir die Menschen besser, wenn wir all ihre Unternehmungen als Versuch sehen, das Verhältnis zwischen Minderwertigkeit und Macht auszugleichen? Und stimmt Alfred Adlers Feststellung, daß ein Gemeinschaftsgefühl die verqueren Strategien des Überlegenseins auf ein sozial verträgliches Maß reduzieren kann?

Fall 9: Psychologiestudenten sitzen in einem Seminar und werden von Friedrich Sander mit einer Zeichnung konfrontiert, die sie nicht erkennen können, weil sie nur für den Bruchteil einer Sekunde aufleuchtet. Sie werden unruhig, was soll der Unsinn? Man kann ja nichts erkennen, es ist alles diffus. Will man sie aufziehen? Beim nächsten Mal sieht man die Zeichnung schon etwas länger. Jetzt können sie schon etwas erkennen: isolierte Einzelstriche, eine Harke?, nein, es ist nur eine chaotische Ansammlung von Strichen. Unmut kommt auf. Dringend möchten sie geklärt sehen, ob ihre Vermutungen stimmen und wie die Striche zusammengehören. Wenn sie endlich die Zeichnung betrachten können, ist es wieder gut, ein angenehmes Gefühl – wie eine Befreiung.

Zeigt das dynamisch auf Klärung drängende Geschehen der experimentellen Situation ein grundlegendes Begehren des Seelischen? Kommen wir in die Gänge, weil wir Diffuses genauso wie Chaotisches nicht lange ertragen? Fühlen wir uns nur in klar gestalteten, überschaubaren, geordneten Verhältnissen richtig wohl? Oder brauchen wir vielleicht auch das Durcheinander?

■ **Fall 10:** In einer Zeit, da die Naturwissenschaften zum Vorbild für die wissenschaftliche Psychologie wurden, verfiel ein Privatdozent und Oberarzt am Burghölzli, einer psychiatrischen Klinik in der Schweiz, auf eine Gegen-Idee. Er machte sich lustig über die materialistische Epoche, die darauf hoffte, die Welträtsel im Reagenzglas lösen zu können. (C. G. Jung: *Wandlungen und Symbole der Libido*, 1912). Er beobachtete immer wieder, daß Menschen von lebenswichtigen Sinnfragen bedrängt werden, die in bedeutsamen Bildern Ausdruck finden. Doch als er in den »verrückt« wirkenden Erzählungen und in den Träumen seiner Patienten die nämlichen Bilder wiederfand, die ihm aus der Mythologie der Völker vertraut waren, hat ihn das selbst erstaunt. Die große Mutter, der Schatten, der alte Weise, Anima als weibliches und Animus als männliches Prinzip ließen sich als archetypische Bilder entschlüsseln, die die Eigenart des Seelenlebens unbewußt formen.

Wir sind darin geübt, uns als praktische Menschen zu sehen, die mit realen Sachproblemen kämpfend den Widerstand der alltäglichen Welt überwinden wollen. Und darin soll etwas am Werk sein aus längst vergangener Zeit? Ist das denn richtig, daß wir Wesentliches über uns erfahren, wenn wir unser Leben als Realisierung eines Mythos begreifen?

■ **Fall 11:** Ein Student der Agrarwissenschaft und der Theologie erhält die schöne Chance, ein halbes Jahr lang in Japan zu leben. Was ihm zu Hause in den USA als selbstverständlich galt, erscheint ihm in der fremden Kultur frag-würdig. Seine Konzepte stimmen nicht mehr. Er lernt, mehr seinen Erfahrungen zu vertrauen. Darüber hinaus bemerkt er, daß sich seine Findigkeit bei der Lösung erlebter Probleme steigert, wenn man ihm nicht mit Richtlinien querkommt. Später fällt ihm in seiner Arbeit als Erziehungsberater auf, daß es den anderen ebenso geht. Wenn er ihnen Vertrauen entgegenbringt, entdecken die Ratsuchenden auf eigenen Wegen eine Lösung. Das entgegengebrachte Vertrauen wirkt wie ein Katalysator. Für Carl R. Rogers bestätigte sich eine Grunderfahrung: Niemand kann einem anderen auf direktem Weg etwas beibringen. Man kann ihn auch nicht von einer Lösung überzeugen, die man selbst für die richtige hält. Man kann sich nur bemühen, die Perspektive des anderen durch Einfühlung zu verstehen und seine zumeist eingeschüchterte Verwandlungslust wiederzubeleben. Dann suchen sie selbst. Denn in jedem Organismus steckt ein Drang nach Selbsterhaltung und -erhöhung.

Aber stimmt das denn, daß das Seelische selbst am besten über sich Bescheid weiß – nicht nur über seine Probleme, sondern auch über ihre Lösungsmöglichkeiten? Wird man dem Seelischen gerecht, wenn man es als Selbstregulierungssystem einschätzt? Kann es sich nicht auch verhaspeln, so daß es dann eine fremde Perspektive braucht, um wieder herauszukommen?

■ **Fall 12:** Ein Professor der Psychologie, dessen Liebe der Kunst gilt, geht mit seinen beiden kleinen Kindern im Hofgarten der Residenz in Würzburg spazieren. Die Kinder laufen herum, sammeln Äpfelchen auf, mehr als sie tragen können. Sie spielen, er muß also verweilen. Es beginnt zu regnen. Sein Blick fällt auf Verrieselungen an der Schräge eines Sandhaufens, die sich verwandelnde Formen bilden. Es kommt ihm vor, als würde sich vor den eigenen Augen die Metamorphose seines Erlebens materialisieren.

Wird die tradierte Aufteilung in Subjekt und Objekt dem lebendigen Umgang mit Dingen und Menschen überhaupt gerecht? Und die tradierten Kategorien wie Gefühl, Wille, Verstand, Handlung – oder wie sie aus dem Amerikanischen zurückübersetzt lauten: Emotion, Volition, Kognition, Aktion –, sind sie nicht viel zu grob für die Zergliederung komplexer Phänomene, die sich zudem ständig verwandeln? Wo bleiben die fließenden Übergänge, die Wendigkeit, die Verwandtschaftlichkeit zwischen dem Außen-und-Innen? Sind nicht die Paradoxien der Verwandlung, wie wir sie in den Märchen finden, Kern- und Angelpunkt unserer Unternehmungen, unserer Besessenheiten, unseres Wohlbehagens wie unseres Mißmuts?

Die Psychologie braucht eine Runderneuerung, wenn sie dem real existierenden Verhalten und Erleben gerecht werden will. Auf dem Hintergrund der erwähnten »psychästhetischen« Erfahrung entwarf Wilhelm Salber eine psychologische Morphologie – gegen den Mainstream der naturwissenschaftlich orientierten Hochschul-Psychologie, deren Kategorien seelische Verwandlung stillegen.

■ **Fall 13:** »Unser Mann« oder »Jedermann«, er könnte auch Paul Watzlawick heißen, fragt eines Tages, ob das Leben – unabhängig vom Blick des Menschen – seine unverrückbaren Regeln habe. Er begibt sich auf die Suche, studiert Philosophie und Sprachen, macht eine psychotherapeutische Ausbildung am C. G. Jung-Institut in Zürich und wird Professor für Psychotherapie. Im Umgang mit seinen Patienten stellt er fest, daß auch sie von dem Verlangen nach etwas unverrückbar Sicherem besessen sind, das endgültige Glücklichkeit garantiert.

Doch alles, was er findet, sind vom Seelischen hergestellte Konstruktionen der Wirklichkeit.

Ist das denn wahr, fragt sich »unser Mann« oder »Jedermann«, daß wir in Wirklichkeit die Wirklichkeit gerade so erfinden, daß sie unser Leben abzustützen verspricht? Was würde eigentlich geschehen, wenn wir die vergebliche Suche nach »Patendlösungen« aufgeben könnten? Wenn wir die Inquisition der Wirklichkeit mit dem andauernden Druck der Frage: »Ist es *das*?« – das Prinzip, das im jeweils Beeindruckenden steckt – einmal sein ließen. Vielleicht ist das *»es«* – was immer das ist – viel wichtiger. Watzlawick antwortet mit der merkwürdigen Formulierung, »Jedermann« könnte dann entdecken: »Ich bin icher als ich«. Das heißt, ich bin mehr, als mir von der Subjekt-Objekt-Konstruktion zugestanden wird. Dann kann es geschehen, daß

»unser Mann« oder »Jedermann«, der auch Paul Watzlawick heißen könnte, »in die zeitlose Fülle des gegenwärtigen Augenblicks« stürzt. »Aber nur für den Bruchteil einer Sekunde stand er in dieser Zeitlosigkeit, denn um sie zu bewahren, verfiel er sofort auf die Patendlösung, dem Erlebnis einen Namen zu geben und nach seiner Wiederholung zu suchen ... .« (Paul Watzlawick: *Vom Schlechten des Guten*, München 2005, S. 122) Sogar Meditation wird nicht selten auf diese Weise gehandhabt.

Kann denn das Seelische nicht nicht konstruieren? Fordert die Grunderfahrung des Paradoxen, spürbar in der seelischen Unruhe, daß wir immer weiter nach etwas Definitiven suchen?

Seherfahrungen und die »richtige« Psychologie

Angesichts der skizzierten Fälle psychologischer Seherfahrung stellt sich die Frage, welche Psychologie denn nun das Verhalten und Erleben »richtig« sieht. Oder kommen wir weiter mit Francis Picabias Behauptung, der Kopf sei rund, damit unser Denken die Richtung wechseln kann? In der Geschichte der Psychologie hat das Beobachten, Fragen und Systematisieren mehrfach die Richtung gewechselt. Auch heute sind unterschiedliche Richtungen nebeneinander im Spiel, weshalb die Formulierung »die« Psychologie eigentlich nicht trifft.

Die oben skizzierten Fälle zeigen, daß Psychologie

aus der Lebenswelt erwächst. Verhalten und Erleben der Psychologen lassen sich nicht vor den Toren der Wissenschaft abstellen. Systembau und wissenschaftliches Untersuchen bleiben immer noch seelische Tätigkeiten. In Ermangelung des göttlichen Blicks gehen nicht nur die Dichter, sondern auch die Wissenschaftler von einer Grunderfahrung aus, die sie berührt: Ganzheit und Gestalt, Verkoppelung von Reiz und Reaktion, Räderwerk, Verwandlung, Konstruktion, Selbstregulation, Minderwertigkeit und Macht, Geschichtlichkeit, Symbolkraft von Bildern, Mythen und Märchen.

Wissenschaftliche Psychologie wird daraus, wenn sich die jeweilige Grunderfahrung bei der systematischen Untersuchung der seelischen Phänomene als erhellend und fruchtbar erweist. Jede Psychologie ist darauf aus, durch einzelne Untersuchungen ein Gesamtbild des seelischen »Funktionierens« zu entwerfen. Sie will klären, wie sich unser Umgang mit Wirklichkeit überhaupt bewegt, nach welchen Prinzipien er sich organisiert.

Letztlich will jede Psychologie an die Gesetze und Mechanismen herankommen, welche das sich ändernde Leben gestalten und gestaltbar machen. Sie will begreifen, wie das Seelische – mangelhaft ausgerüstet für eine Welt vielfältiger Möglichkeiten und Zwänge – im Lauf der Zeit eine Art Passung entwickelt, die sich in Gewohnheiten, Selbstverständlichkeiten, Handlungsmustern, Haltungen, Erwartungen und Vermeidungen niederschlägt.

Gewiß kann man Stärken und Schwächen der verschiedenen Ansätze herausheben, kann ihre

Großspurigkeit in Richtung des Alleinseligmachenden anprangern, kann sich gelegentlich auch über Phänomenblindheit oder Wissenschaftsgläubigkeit ärgern, kann einen Ansatz lieben und einen anderen hassen. Aber am meisten gewinnt man doch für den eigenen Umgang mit den seelischen Tatsachen wie mit der Psychologie, wenn man sich auf die Unabschließbarkeit des Fragens einläßt. Das lexikalische Wissen jedenfalls, das man in Prüfungen oder am Stammtisch von sich gibt, wird den eigenen Blick kaum öffnen können.

Zwei Prototypen psychologischer Aufmerksamkeit

Psychologische Denker und Forscher sind in eben der Wirklichkeit befangen, die sie untersuchen. Sie stellen den »psychischen Gegenstand« (Wilhelm Salber, *Der psychische Gegenstand*, Bonn 1959) entsprechend ihrer jeweiligen Seherfahrung mit besonderen Fragen und Methoden gleichsam her. Die Art und Weise, in der das geschieht, läßt sich in zwei große Gruppen einteilen.

Psycho-logische Psychologie

Nein, in der Wendung steckt keine Tautologie. Diese erste Gruppe hat man auch als geisteswissenschaftliche, als verstehende oder als narrative

Psychologie bezeichnet. Dazu gehören Phänomenologische Psychologie, Tiefenpsychologie, Ganzheitspsychologie, Gestalttheorie, Psychologische Morphologie, Existenzpsychologie, Humanistische Psychologie und Konstruktivistische Psychologie.

Sie alle sehen das Seelische als Konstruktion mit Unschärfen, den Kunstwerken der Moderne verwandt. Verhaltens- und Erlebensfiguren haben eine gleichsam symbolische Aufladung. Indem wir »etwas« tun, treiben wir das »Ganze« voran. Wir »sind« nur, indem wir uns verwandeln, entwickeln und verändern. Selbst wenn wir nichts Bestimmtes betreiben, ist etwas in Bewegung. Irgendein Film läuft immer. Das zeigen die Stundenwelten des Tageslaufs genauso wie ausgedehntere Lebensgeschichten. Diesem Sachverhalt paßt die Psychologische Psychologie ihre Untersuchungsmethoden an, die bei der Nachbildung des real existierenden Verhaltens und Erlebens helfen sollen. Beobachtung und Beschreibung des gelebten Zusammenhangs sowie vertiefende Exploration gehören dazu.

Aus dem Blickwinkel des ästhetischen Vor-Urteils zeigt sich unser Betreiben als Versuch, durch Behandlung der unüberschaubaren Wirklichkeit Halt, Fülle und Sinn zu entwickeln. Im Erleben zeigt sich die Bedeutung unseres jeweiligen Verhaltens. Am liebsten erwischt Psychologische Psychologie das Seelische »in flagranti«, also auf frischer Tat, bei der Gestaltung alltäglicher Situationen – nicht im Labor. Dieses Geschehen soll, soweit das Menschen möglich ist, ohne ideologische, moralische oder erzieherische Einmischung sprachlich zur Darstellung gebracht werden. Die Phänomene sind die Lehre. Es interessieren nicht die Meinungen und Erklärungen, die befragte Versuchspersonen äußern. Statt dessen wird untersucht, warum sie sich einen Sachverhalt gerade so zurechtlegen, wie sie es tun. Es geht um die Analyse der Entstehungsbedingungen bestimmter Muster und Strukturen des Verhaltens und Erlebens. Wie läßt sich begreifen, daß sich in der Verwandlung von Stundenwelten, von Tages- und Lebens-Geschichten bestimmte Formen bilden?

Die Formen des Verhalten und Erlebens existieren nicht »nackt«, »isoliert« oder »pur«, sie bilden sich vielmehr im Austausch mit einer gesellschaftlich-kulturell ausgelegten Wirklichkeit. Die Feinheiten dieser Verhältnisse will Psychologische Psychologie rekonstruieren, die Verzweigungen und Winkelzüge des Verhaltens und Erlebens.

Beobachtung und Beschreibung haben zur Entdeckung dessen geführt, was der Psychologe Friedrich Nietzsche das Menschlich-Allzumenschliche genannt hat. Damit ist angezeigt, daß Verhalten und Erleben nach einer eigenen (nicht-formalen) Logik in sich zusammenhängen, ohne sich darum zu kümmern, ob das irgendein Ich ausdrücklich bemerken oder gut finden kann. Sigmund Freud hat diese Psycho-Logik in seinen Forschungsanalysen eingehend untersucht. Dabei ist er auf die Wirkungsmächtigkeit einer »seelischen Realität« gestoßen. Das ist nichts Abstruses. Ganz konkret zeigt es sich zum Beispiel im sogenannten Placebo-Effekt. Unter bestimmten seelischen Bedingungen kann eine

Tablette heilend wirken, obwohl sie keine derartigen chemischen Bestandteile enthält. Die Wirksamkeit der »seelischen Realität« wird sogar neuerdings in der knallharten Faktizität der Börsenberichte berücksichtigt, wenn es lapidar heißt: »Vieles ist ja Psychologie«. Das meint, Erwartungen können so zwingend sein, daß sie Realität herstellen.

Psychologische Psychologie sieht das Seelische von paradoxen Verhältnissen bewegt, außer-moralisch, a-rational, verrückt, widersprüchlich, a-logisch, unbewußt. Lust und Leid erweisen sich als untrennbar, ebenso Liebe und Haß, Leben und Sterben, Gestalt und Verwandlung, Wahrheit und Lüge. Gegenläufiges ist am Werk: Wir suchen Geborgenheit und Halt und wollen zugleich frei sein. Wir wollen selbst etwas Bestimmtes werden und bewirken und dabei frei und unabhängig sein, aber zugleich sind die Ordnungen der jeweiligen Verhältnisse am Werk. Wir tagträumen von schöneren Welten, aber wir müssen uns ausrüsten, wenn sie wirklich werden sollen. Es ist vertrackt. Körpergebunden sind wir Teil der Natur wie Stein oder Baum. Aber zugleich rücken wir mit unserem Verhalten und Erleben in eine »ex-zentrische Position« (Helmut Plessner) zu dieser elementaren Basis.

Unvollkommenheit, Vagheit, Umwege, Fragmentarisches, Unschärfe, kubistisch Verschränktes, Gleichzeitigkeit des Ungleichzeitigen – kennzeichnen die Komposition unseres Umgangs mit Wirklichkeit. In der Plastizität dieses Umgangs steckt etwas Doppeltes. Das Seelische kann sich in einem großen Verwandlungskreis entfalten, aber es muß zugleich im Hier und Jetzt eine bestimmte Form oder Verfassung finden. Das wirkt wie ein »behindertes Kunstwerk« (Wilhelm Salber).

Naturwissenschaftlich orientierte Psychologie

Vertreter dieser Theoriegruppe halten die Aussagen der Psychologischen Psychologie für spekulativ. Hintergrund ist ein anderes Bild, ein anderes Paradigma: die Aufspaltung der Wirklichkeit in Subjekt und Objekt. Psychologische Psychologie verfälsche durch subjektives Interpretieren die objektiven Tatsachen, lautet der zentrale Vorwurf. Deshalb setzt naturwissenschaftlich orientierte Psychologie auf das Rechnen. Objektive Daten können nicht irren. Aber gibt es die überhaupt?

Es sind immerhin Menschen, welche die Daten erheben und schließlich ihrerseits um das Interpretieren nicht herumkommen, wenn sie über ein schlichtes Daten-Dada hinauswollen. Ihr Bild von Mensch und Welt entlehnen sie der Technik. Mit deren Untersuchungsverfahren orientieren sie sich an einer Naturwissenschaft vor Entdeckung der »Unschärferelation« (Werner Heisenberg). Das einfache Rechnen braucht trennscharf zerlegte Teile, Elemente, Daten oder Informationen. Also schneidet dieser psychologische Ansatz zunächst einmal »die Fransen« (William James) des Erlebens vom Seelischen ab. Es ist zu komplex, launenhaft und mehrdeutig. Das Erleben gilt der naturwissenschaftlichen Erforschung der seelischen Verhältnisse als unkalkulierbare Größe. Seelischer Zusammenhang wird auf diese Weise stumm gemacht.

Test, Fragebogen, Experiment, flankiert von Statistik, werden in der Annahme als Verfahren gewählt, daß sie den Untersuchungsgegenstand des Verhaltens objektiv abbildeten. Naiver Positivismus ist am Werk, wenn man meint, das jeweilige Konzept des Erforschens und Erklärens würde den zu erklärenden Sachverhalt gleichsam unmanipuliert, also rein oder pur oder »an sich«, eben »objektiv«, abbilden.

Prägnant zeigt sich die naturwissenschaftlich orientierte Betrachtungsweise am Beispiel des Neobehaviorismus. Erlebter Zusammenhang wird zerstückelt und das komplexe Seelische auf Daten des Verhaltens reduziert. Erfahrene Wirklichkeit, Welt und Umwelt werden auf »Reize« (Stimuli) reduziert und das Verhalten auf »Reaktionen« (Responses). Die Neugier des untersuchenden Psychologen gilt der Verkoppelung oder Verbindung der getrennt gedachten Verhaltenselemente, die man in der künstlichen Situation des Experiments »objektiv« registriert. Die erlebte Beschaffenheit der Reaktionen spielt keine Rolle; es geht allein um ihre Auftretenswahrscheinlichkeit anläßlich bestimmter Reize. Sie erhöht sich, wenn die Reaktion für das Lebewesen eine positive Folge hat, wie oben am Beispiel der Ratte dargestellt.

Skinner will mit dem Konzept der Koppelung und Entkoppelung von Reizen und Reaktionen die Frage klären, nach welchen Gesetzen sich das Verhalten der Lebewesen dauerhaft verändert. Vorgang und Ergebnis der Veränderung werden »Lernen« genannt.

Da er das Erleben außer acht läßt, kann Skinner auch die Unterschiedenheit von Mensch und Tier vernachlässigen. Er geht davon aus, daß man das Muster der Verhaltenskonditionierung bei Tieren auf den geschichtlich lebenden Menschen übertragen kann.

Das Erleben mit seinen Ungereimtheiten hebt der Neobehaviorismus derweil in einer »schwarzen Schachtel« auf, der black box; niemand könne exakt bestimmen, was in ihr geschieht. Diese Kiste erinnert an die Pyxis der Psyche. Jedenfalls enthält die black box das umwerfend Explosible, Paradoxe, Irrationale, Unbewußte, Symbolische, Sich-Wandelnde, Perspektivische – all das, was Romane, Filme, Opern oder Theaterstücke wie auch das alltägliche Leben interessant macht. Genau diese seelischen Qualitäten sind es, die sich dem methodischen Zugriff der exakten Naturwissenschaften entziehen. Als Gegenstand der Psychologie können sie nicht gelten, weil sie sich nicht zählen, wiegen, messen lassen. »Mene mene tekel upharsin« (»gezählt, gezählt, gewogen und zerteilt«) lautet die Devise der naturwissenschaftlichen Psychologie.

So weit, so merkwürdig. Was geschieht aber, wenn die Schlüsse, die man aus den Experimenten zieht, auf das komplexe, unexakte, perspektivisch »verzerrte« Kulturleben der Menschen angewandt werden? Skinner selbst hat aus seinen Experimenten ganz verrückte Schlüsse gezogen. In seiner Utopie *Futurum II (Walden Iwo)* denkt er eine gesellschaftliche Wirklichkeit aus, die nach Art eines großen Experimentierkäfigs funktioniert, in dem man mit verhaltenstechnischen Mitteln jede »Unzweckmäßigkeit« wegkonditioniert, bis sich die Menschen nur noch friedlich und kreativ verhalten können. *Jenseits von Freiheit und Würde* (1971) siedelt Skinner diese glückliche Welt an.

Naturwissenschaftlich orientierte Psychologie verfälscht einem Untersuchungsmechanismus zuliebe die komplexe seelische Realität. Im wirklichen Leben existieren Verhalten und Erleben nicht als Verknüpfung isolierter Daten, sondern in zeitlich sich bildenden Zusammenhängen und komplexen Verstrickungen. Im Alltag hat die Seelen-Maschine wieder ihre Sorgen, ist mit Interesse verwickelt, jagt ihren fixen Ideen und Träumen nach, begehrt Unmögliches und fragt unruhig, was das alles soll. Die Frage nach einem Sinn in den Brüchen, Zufällen und Verwicklungen unseres Lebens wird uns, trotz der Zurichtung des Seelischen im Behaviorismus, weiter umtreiben.

Das ist den Vertretern dieser Psychologie natürlich nicht ganz fremd. Denn wenn sie die mathematisch exakt beförderten Untersuchungsergebnisse in das komplexe Alltagsleben zurückbringen, ist es mit der Exaktheit zu Ende.

Dann wird das sinnfrei erhobene Material ausgedeutet, erörtert und abgewogen. In dieser Übergangszone erhalten Alltags-Interessen, Meinungen, Moral, Ideologie der Forscher freies Spiel. Ungeübt im Betrachten kulturgeschichtlicher Formen der Lebenswelt, unterscheidet sich die Rede der technologisch Perfekten zumeist wenig von den Sprüchen ihrer Stammtischkonkurrenten.

Gewiß kann man das Seelische nach Art einer

Maschine betrachten und das Funktionieren seiner Einzelteile untersuchen. Aber dann? Nehmen wir als Beispiel die Entwicklung der Intelligenz und gehen von einem Untersuchungsergebnis aus, das besagt, Kinder könnten durch bestimmte »Trainings« den formal abstrakten Umgang mit Wirklichkeit viel früher erlernen. Aus diesem isoliert untersuchten Sachverhalt meinen manche Psychologen ableiten zu können, daß in den Kindergärten »Trainings« eingerichtet werden sollten, damit die Kinder schneller »Fortschritte« machen. Aber was seelische Fortschritte sind, dafür fehlt das Konzept. Für Rennfahrer mag die höhere Geschwindigkeit ein Fortschritt sein; es läßt sich ja messen, man ist früher am Ziel, wenn alles gut geht. Aber im Seelischen? Man kommt gar nicht auf die Idee, daß der frühe sinnlich anschauliche Umgang für die Bedürfnisse und die Entwicklung des Menschen womöglich tiefgreifende Bedeutung hat. Letztlich geht es um unterschiedliche Weltbilder. Im Rahmen der technologisch-naturwissenschaftlichen Orientierung gilt die Überwindung des körperlich-sinnlichen Umgangs als Fortschritt.

Die positivistische Sicht hält für einen zurückgebliebenen Status, wenn das Kind ein Verhältnis zu den Dingen hat, das dem des Künstlers entspricht. Im Rahmen eines psychästhetischen Bildes erhält der elementare perspektivische Umgang des Kindes einen anderen Stellenwert. Kinder wie Künstler reduzieren nicht die Dinge auf zweckmäßig funktionierende Objekte, über die verfügt werden soll. Sie sind nicht darauf aus, sich die Erde, um den Preis der Entfremdung, »untertan« zu machen. Sie betreiben etwas anderes. Vielleicht kann man sagen, daß sie sich mit den befremdlichen Qualitäten der Wirklichkeit vertraut machen wollen. Im Märchen heißt es, daß sie ausziehen, das Gruseln zu lernen.

Die Darstellungen in diesem Büchlein basieren auf der psychologischen Morphologie. Ihr Interesse gilt den Paradoxien des Alltagslebens. Gerade in einer Zeit der dreisten Unbesonnenheit – »... das funktioniert ...« oder »... das funktioniert nicht ...« als letztes Argument, etwas zu tun oder zu lassen – tut es gut, der Formenfülle seelischer Realität wiederzubegegnen. Zu Unrecht schätzen wir die Wirklichkeit der Träume und Märchen gering.

Seelische Instrumente

Psychologie fragt, wie wir uns orientieren können in dieser unüberschaubaren, vielgestaltigen und komplexen Wirklichkeit, die reich an Zufällen ist und sich zudem ständig verändert. Sie mutmaßt einzelne Funktionen, die unseren Umgang gewissermaßen instrumentieren. Früher war etwa die Rede von Kräften – Vorstellungskraft, Einbildungskraft, Denkkraft. Heute spricht man von Kompetenzen oder Faktoren.

Das Gehirn macht keinen Sinn

Die zeitgenössische Psychologie tendiert zu der Auffassung, Gehirn und Gene würden die sogenannten Kompetenzen »machen«. Neuropsychologie will klären, wie aus den Abläufen im Zentralnervensystem das Psychische wird. Jedermann ist bereit, darüber zu staunen, wie mithilfe bildgebender Verfahren diejenigen Areale des Gehirns auf dem Computerbildschirm farbig angezeigt werden, die bei bestimmten Vorgängen live aktiviert sind. Aber darüber, daß die Chemie einer grauen matschigen Masse zum »Macher« von Verhalten und Erleben gekürt wird, wundert sich kaum einer. Gewiß, ohne das Zentralnervensystem läuft nichts, das weiß die Medizin seit Jahrhunderten. Doch rechtfertigt das den Schluß, das geschichtlich existierende Psychische sei eine Art Dienstleistungsbetrieb des Gehirns? Was spricht eigentlich gegen das umgekehrte Verhältnis?

Zwar existieren Verhalten und Erleben nur in Personalunion mit einem Körper, aber daraus läßt sich nicht ableiten, daß es das Gehirn ist, welches Sinn macht. Wie die anderen Organe »versteht«, »deutet« oder »interpretiert« es nicht; es »sorgt« sich nicht, es »weiß« nichts von Sehnsucht, Kulturgeschichte, Vergänglichkeit, Liebe und Tod. Die Ausschüttung von Dopamin, so argumentieren naturwissenschaftlich orientierte Psychologen, treibt uns in die Welt hinaus. Dort finden wir Objekte, mit denen wir unsere Bedürfnisse befriedigen nach Nahrung, Wasser, einem Partner. Es ist die Rede davon, daß Botenstoffe im »Furcht-Angst-System« des Gehirns gesteuert werden. Ebenso spricht man vom »Ärger-Wut-System«, »Spielsystem«, »Verlassenheitspanik-System«.

Es mag ja sein, daß Adrenalin freigesetzt wird, wenn wir uns verlieben oder wenn wir zuzuschlagen bereit sind. Doch das heißt nicht, daß unsere Handlungen aus heiterem Hirn fallen würden, daß es am Gehirn liegt, wenn wir einem bestimmten Menschen den Vorzug vor allen anderen geben.

Es ist auch ganz besonders nicht das Gehirn, das

auf die Idee verfällt, sich selbst als Produzenten des Psychischen zu betrachten und zu untersuchen. Es sind Menschen, die in einer komplizierten geschichtlichen Lage Erleichterung verspüren, wenn sie zum Beispiel für gewaltsame Auseinandersetzungen eine außerhistorische Ursache wie den hohen Adrenalinspiegel verantwortlich machen können. Nicht das Körperorgan Gehirn, sondern Menschen mit bestimmten Vorstellungen von ihrer tradierten Kultur sorgen sich um die Vermittlung divergierender Lebensbilder und Weltanschauungen (Multi-Kulti) in der gegenwärtigen Lebenswelt.

Dennoch verleiht die exakte neuropsychologische Forschung dem materiellen Gebilde »Gehirn« den Rang eines agierenden Potentaten. Keine wissenschaftliche, sondern eine insgeheim animistische Sehweise – auch die Materie wird als beseelt betrachtet – verbirgt sich hinter dieser Art »exakter« Forschung. Außerdem ist ein Trick im Spiel. Neuropsychologie projiziert erst die aus der geschichtlichen Lebenswelt stammenden Interpretationsmuster in das Gehirn und zieht sie dann aus dem Hut. Ähnlich naiv gehen wir manchmal mit unserem Computer um, wenn wir ihm Quertreiberei oder liebevolle Mitarbeit zuschreiben.

Zur naturwissenschaftlichen Erforschung seelischer Instrumente gehört es, daß einzelne Funktionen vom Lebenskontext isoliert werden. Das komplexe psychische Geschehen wird in Einzelteile zerlegt, damit es experimentell untersuchbar wird. Bei der Präsentation der Ergebnisse gerät die verfahrenstechnische Manipulation jedoch aus dem

Blick. Dann gibt es unversehens im wirklichen Leben »die« Wahrnehmung, »das« Gedächtnis, »das« Lernen, »die« Aktivation, »die« Kognition, »die« Intelligenz, »die« Sprache, »die« Emotion, »die« Aggression – als handelte es sich um nebeneinander stehende, anfaßbare Objekte wie Tisch und Eimer. Das wird auch nicht anders durch den pauschalen Hinweis, daß diese Teile im wirklichen Leben schlechterdings untrennbar miteinander verbunden seien. Auskünfte darüber, »wie« die Teile zusammenwirken, sind denn auch rar.

Gewiß, wer nichts spüren, nicht sprechen, nichts behalten, nichts zusammenbringen, nichts vorwegnehmen, sein Handeln nicht bremsen, aus Erfahrung nicht klug werden kann – der ist den Anforderungen des Lebens nicht gewachsen. Das kann jeder sehen und erfahren. Wenn hier im folgenden dann doch von einzelnen Instrumenten die Rede ist, dann geschieht das mit der Absicht, ihre Bedeutung vom lebensweltlichen Zusammenhang her zu erläutern.

Emotion und Wahrnehmung

Bevor wir es recht merken, beeindruckt Wirklichkeit unser Verhalten und Erleben. Das Wort Wahrnehmen meint ursprünglich »Aufmerksamkeit schenken«. Bereits im Jahre 1884 stellte der Physiologe Hermann von Helmholtz fest, daß dabei Interesse im Spiel ist. Wahrnehmen funktioniert nicht nach Art eines Fotoapparats oder Tonbands. Was uns interessiert, hebt sich uns entgegen, während alles andere im Unscharfen verbleibt. Wahrnehmung meint einen Akt der Aneignung von Welt. Sinnlich angetan, baut das Seelische sein Verhältnis zu Menschen und Dingen auf.

Schrilles und Melodiöses wirken auf uns ein. Wir spüren Warmes, Weiches, Liebevolles oder auch Kaltes, Abweisendes. Wir können aufgehen im Duft von Menschen und Dingen und wenden uns ab vom Stinkenden. Wir werden angezogen und geblendet von Funkelndem. Wir unterscheiden Formen im Raum. Wir schätzen den Geschmack des Süßen und meiden das Bittere. Über das Sichtbare, Greifbare, Tastbare, Hörbare bringen wir in Erfahrung, wie Menschen und Dinge beschaffen sind. Die Sinnesmodalitäten bilden verschiedene Weisen der Kommunikation von Ich und Welt. (Erwin Straus: *Vom Sinn der Sinne*, 1935)

Daß Wahrnehmen anderes meint als das Gegenwärtigsein optischer Bilder im Bewußtsein, betont auch die Gestalttheorie (Kap. II, Fall 6, 7 und 9). Sie hat grundlegende Gesetze entdeckt, nach denen dieses Geschehen verläuft. Dazu gehört, daß wir nicht einzelne Merkmale addieren und auch nicht einzelne Empfindungen. Wir erfassen Wirklichkeit in Sinn-Gestalten. Selbst am Nachthimmel nehmen wir nicht eine Ansammlung einzelner heller Punkte wahr, sondern deren Konfiguration in ausdrucksvollen »Bildern«. Wir sehen den großen und den kleinen Wagen, sehen Bären, Adler, Walfisch, Hunde, Grabstichel, Zirkel, Schiffskiel, und wenn es weniger prägnant ausfällt, sehen wir nicht ein diffuses helles Gemisch, sondern eine Milchstraße. Das heißt, Wirklichkeit wird nicht abgebildet, sondern hergestellt oder konstruiert. Wir heben etwas heraus, das sich von einem Hintergrund abgrenzt. Wir vernehmen nicht einzelne Töne, die wir zusammenbauen, sondern das Ganze einer Melodie, die Bewegung von Rhythmen und Akzentuierungen. Wir spüren Vorandrängendes, Spannung, Steigerung, Kippendes und Lösungen.

Indem uns die materiale Wirklichkeit »angeht«, entstehen Bedeutung und Sinn. Die Dinge locken. Wir wenden uns ihnen zu. Und schon fangen sie ihrerseits etwas mit uns an. Bei Kindern kann man das noch gut beobachten. Indem sie dem Charme der Dinge folgen, erkunden sie die Dinge und bringen zugleich ihre eigene seelische Reichweite in Erfahrung.

Wenn wir dann erwachsen sind und »unser« Bild von Wirklichkeit entworfen haben, beachten, wählen und lieben wir alles, was dazu paßt. Jemand kauft zum Beispiel ein Haus. Die Decken sind verkleidet mit Paneelen, in denen Lichtspender verborgen sind. Es gibt nur eines, der ganze alte Mist muß runter. Es soll klar, roh und naturhaft werden. Rauhe Wände, am liebsten sichtbares Mauerwerk. Der neue Eigentümer ist zutiefst davon überzeugt, daß sich die Ausstattung, die er vorgefunden hat, einem Irrtum verdankt und daß sein eigenes Bild das einzig wahre ist. Dann aber erzählt ihm der Vorbesitzer von dem Haus, das er eben gekauft hat. »Stellen Sie sich nur vor, lauter kahle Wände, wie in einer Scheune. Wie kann ein Mensch sich in so einer Umgebung nur wohlfühlen! Das muß erst noch gestaltet werden. Es fehlen sogar die Tapeten...!« Zwei Welten, zwei Muster, zwei Bilder, zwei verschiedene Wirkungseinheiten, in deren Kontext alle Einzelheiten sich anders anfühlen und anders »wahrgenommen« werden.

Vorstellung, Sprache, Denken, Intelligenz

Aus dem jeweiligen sinnlichen Umgang können wir uns vorübergehend lösen. Wir unterbrechen das Fließen der gelebten Zeit, gehen auf Distanz zum Verspüren und stellen das jeweilige Geschehen gleichsam vor uns hin. Wir können es Revue passieren lassen, um herauszufinden, wie unser Umgang mit Dingen und Menschen beschaffen ist. Dabei gehen wir von der Annahme aus, daß Wirklichkeit um uns und in uns nicht ein chaotisch gewürfeltes Nebeneinander von Partikularem ist, sondern daß Aufbau, Ordnung und Zusammenhang darin stecken.

Bei dieser Suche spielt die Sprache eine besondere Rolle. Mithilfe der Sprache heben wir die stumme Welt auf eine Ebene des Artikulierten. So versuchen wir, sie faßbar zu machen. Im Medium der Sprache lösen wir unsere Umgangserfahrungen aus dem situativen Kontext eines bestimmten Raumes, einer bestimmten Zeit. Dadurch wird das sinnlich Erfahrene transportabel und mitteilbar, das heißt auch verfügbar.

Sprache versieht uns zudem, ohne daß wir es recht bemerken, mit einem kollektiven System für das Sortieren der Wirklichkeit in uns und um uns. In diesem System finden die Grunderfahrungen der jeweiligen Gesellschaft und Kultur ihren Niederschlag. Ein Bild von der Welt, von Kultur zu Kultur variierend, findet in der Sprache seinen Ausdruck.

Insgeheim systematisiert und interpretiert Sprache unsere Erfahrungen durch ihre grammatischen Strukturschemata. Ganz selbstverständlich, das heißt unbewußt, ordnen wir Wirklichkeit und Geschehen in der westlichen europäischen Kultur nach dem Schema Subjekt – Prädikat – Objekt: »Der Bauer pflügt den Acker«. Das heißt, unsere Sprache zwingt uns, Wirklichkeit so zu gliedern, daß wir einen Verursacher namhaft machen, dessen Tätigkeit beachten und ein Gegenüber benennen, mit dem etwas getan wird. Wir merken auch nicht, daß wir in der Sprachgemeinschaft unserer Kultur aus flüchtigen Prozessen Dinge (Substantive) machen. Eine fließende Welt wird festgerammt. Wir sagen »der Wind« oder »das Wetter« oder »das Gefühl« oder »die Zeit« oder »die Depression« oder »die Wolke« oder »das Denken« – als wären es Täter. Indem die Sprache das Flüchtige, die Übergänge und Verwandlungen fest-stellt, fälscht sie auch und verdeckt. In ihrem Bestreben, Wirklichkeit verfügbar zu machen, abstrahiert sie von den Qualitäten des sinnlich Erfahrbaren. Indem sie sich durch Reduktion auf Symbole und Begriffe von der Wirklichkeit löst, entwickelt sie ein Eigenleben und formt Wirklichkeit um zu einer Realität des bloß Denkbaren.

Das hat Vorteile, aber damit sind auch Kehrseiten verbunden, wie die Lüge etwa oder das Gerede. In dem Film »Letztes Jahr in Marienbad« läßt Alain Resnais eine seiner Figuren sagen, in X habe es im Sommer geschneit. »Haben Sie es selbst gesehen?« »Nein«, ist die Antwort, »aber man hat es mir erzählt.« »Ach, erzählt...!« heißt es darauf resigniert.

Die eigenwillige Handhabung der Sprache in der Dichtkunst deckt die Verkürzungen des Seelischen durch Sprache auf. Dichtung fügt ihre Worte so, daß sich die Entzweiung von Verspürtem und Gedachtem wieder aufhebt. Außerdem wuchtet sie die Reichweite des Mediums Sprache aus. Besonders spektakulär haben die Dadaisten mit ihrer Schöpfung sinnfreier Worte den faulen Zauber der Alltags- wie der Wissenschaftssprache bloßgestellt: »Psychologiehihi« (Raoul Hausmann).

Sprache und Denken sind untrennbar verbunden. Zwar können wir in Bildern denken, aber das gilt in unserer Kultur zumeist als primitiv. Denken ermöglicht außerdem eine Art Probehandeln. Wir können die wahrscheinlichen Folgen vorgestellter Handlungen virtuell durchspielen. Die Welt verschwindet nicht, wenn wir die Augen schließen. Wir können sie wachrufen und uns bestimmte Momente gezielt vergegenwärtigen. Das hat nicht immer die Qualität eines Könnens. Oftmals lassen uns die Probleme nicht los und nötigen uns, nach Lösungswegen zu suchen. Dabei geht es nicht nur um unser Verhältnis zu den Dingen, sondern ebenso um unseren Umgang mit Menschen, auch mit uns selbst.

Indem wir Hypothesen aufstellen und Folgen

durchspielen, können wir eine Problemlage neu zentrieren oder umstrukturieren. Wir sagen uns: Einmal angenommen, es wäre so und so, was würde dann passieren? Das heißt, wir können vom konkret erfahrenen Aktuellen abstrahieren. Wir können es auch mit ähnlich gelagerten Schwierigkeiten vergleichen und es auf die Ebene des Allgemeinen heben: das ist immer so, wenn .... Manchmal verstehen wir besser, wenn wir das jeweilige Problem als Fall eines allgemeineren sehen können.

Wenn uns das besonders gut gelingt und wir einen klaren Kopf dabei behalten, erkennt uns die Psychologie Intelligenz zu. Das meint: große Wendigkeit im Hin- und Herdrehen, im Umstrukturieren der verschiedenen Seiten eines Problems. Jedenfalls sieht Jean Piaget, der die Entwicklung der Intelligenz untersucht hat, in der Vernetzung von Handlungen und geistigen Operationen das zentrale Kennzeichen der Intelligenz.

Populär geworden ist der Intelligenzbegriff durch die Bestimmung eines sogenannten Intelligenzquotienten (IQ). Eine Höhe von 100 Punkten wird bei der Testkonstruktion als mittlere theoretische Intelligenz festgelegt, 140 Punkte zeigen Genialität an, 70 Punkte bedeuten Schwachsinn (HAWIE bzw. HAWIK = Hamburg-Wechsler-Intelligenztest für Erwachsene bzw. Kinder). Psychologen haben verschiedene Faktoren von Intelligenz zu bestimmen gesucht. Dazu gehören u. a. Flexibilität, Originalität, Problemsensitivität, Sprachausdruck, Begriffslogik, praktisch-technische Begabung, räumliches Vorstellen, Gedächtnis, Umwelterfassung, Ausdauer,

Geschicklichkeit. Die Konstruktion von Intelligenztests bringt es mit sich, daß kulturspezifische Fähigkeiten erfaßt werden, zumeist diejenigen, welche die Orientierung in der spezifischen Kultur und Gesellschaft der westlichen Welt betreffen.

Gedächtnis und Erinnerung

Verhalten und Erleben entfalten und verwandeln sich mit der Zeit, doch viele Begebenheiten unserer Geschichte bleiben nicht einfach auf der Strecke; wir »behalten« sie; wir haben sie angeeignet. In Wiederholungen kommen sie wieder hervor. Oder wir formulieren, wir könnten uns noch gut an manches »erinnern«. Was nicht mehr vor Augen liegt, ist nicht auch aus dem Sinn. Es wirkt weiter. Irgendwie ist es noch da, irgendwo. Um das erklären zu können, haben Psychologen Modelle bemüht. Am verbreitetsten ist die Vorstellung von ein, zwei »Speichern« im Oberstübchen: einer für die »Kurzzeit«, ein anderer für die »Langzeit«. Naturwissenschaftlich orientierte Psychologie sagt, wir könnten »das Gespeicherte« bei Gelegenheit wieder »abrufen«. Wenn ich ein paar Sätze geschrieben habe und den Computer ausschalten will, zeigt sich ein Fenster mit den Optionen »Speichern« und »Nicht speichern«. So ähnlich stellt man sich wohl den Gedächtnisspeicher vor. Von autistisch gestörten Menschen wissen wir, daß sie in der Lage sind, Bedeutungsloses wie die Telefonnummern einer großen Stadt, vielstellige Zahlen oder jede Menge sinnloser Silben zu behalten. Allerdings können sie in ihrer eingeschränkten Lebenswelt nichts damit anfangen, es sei denn, gewitzte Verwandte präsentieren sie der Öffentlichkeit und lassen sie wie Bären auf dem Jahrmarkt von Talkshows tanzen.

Der Psychologe Friedrich Nietzsche sieht das, was die Psychologie als Gedächtnis bezeichnet, übrigens als ambivalentes Phänomen. Er vermutet, daß Menschen mit einem sehr guten Gedächtnis keine guten Denker seien, da sie memorierend so vieles zu wissen meinen. Im übrigen würde man bei der Hochschätzung des Gedächtnisses zu Unrecht die produktive und lebenswichtige Funktion des Vergessens übersehen. Gedächtnis und Erinnerung können die intuitive Entdeckung neuer Wege und Lösungen ersticken und behindern.

Im Alltag steckt der Witz des Ganzen

»Im Traum erscheint Unsinniges völlig natürlich, so ist es auch in diesem Leben.«
Lew Tolstoi

Alltagsleben versus Einzelteile

Der Alltag scheint so selbstverständlich, daß seine Bedeutung für unser Verhalten und Erleben meist übersehen wird. Es ist ganz merkwürdig, irgendwie mögen wir ihn nicht oder schätzen ihn gering. Wir nennen ihn grau und langweilig. Oftmals polarisieren wir das Alltägliche mit dem Außergewöhnlichen (Abenteuerurlaub), Intensiveren (Ausflippen) oder Höheren (Kunstgenuß). Als würde die Bewältigung des Alltags uns hindern, das »eigentlich« Wichtige zu tun. Das erinnert an Eric Bernes Analyse des Beziehungsspiels »Wenn du nicht wärst« – dann könnte ich mich entfalten. Aber wenn »er« dann wirklich weg ist, wird »sie« nicht zum Kometen, sondern macht die leidige Erfahrung, daß Begrenztheit und Graues bei ihr bleiben. Jenseits des Alltags, abgespalten vom realisierten Leben, wähnen wir ein

Reservat glücklicher Inseln oder eines anderen utopischen Traumes, in dem das Nicht-Verwirklichte seine Chancen hätte.

Trotz allerlei Einzelstudien gehört der Alltag zu den weißen Flächen auf den Atlanten, die naturwissenschaftlich orientierte Psychologen vermessen haben. Ein Roboter läßt sich vielleicht aus Einzelfunktionen und Teilbereichen zusammenschustern, aber nicht die alltägliche Lebenswelt der Menschen. Zwar berichtet die »Angewandte Psychologie« von denjenigen Alltagsbereichen, in denen Psychologen ihr Geld verdienen – Wirtschaft, Betrieb, Arbeit, Beruf, Organisation, Forensik, Verkehr, Werbung, Medien, Schule, Politik, Freizeit, Sport, Klinik –, aber auch dann geht es um Einzelteile.

Sigmund Freud hat 1905 anders über die »Psychopathologie des Alltagslebens« geschrieben. Er konnte zeigen, daß unbewußte Prozesse nicht nur im Pathologischen wirksam sind, sondern zum alltäglichen Umgang gehören. Am Phänomen der Fehlleistungen wie Verlegen, Vergessen von Wissen oder Namen, Sich-Versprechen, Vergreifen, Verlesen, Verschreiben demonstrierte er, daß im Seelischen nichts »einfach so« oder rein zufällig geschieht. Nicht einmal die Fehlleistungen sind x-beliebig. Sie bringen etwas zum Ausdruck. Üblicherweise halten wir in unserem Handeln Ja und Nein auseinander. Aber in den Fehlleistungen kommen sie ungetrennt zum Zuge. Die Psychoanalyse hat zeigen können, daß es zumeist einen »guten Grund« dafür gibt, wenn wir etwas Bestimmtes vergessen oder verlegen. Etwas in uns will anders, als wir vermeintlich wollen.

Wenn im folgenden vom Alltag die Rede ist, geschieht das im Rahmen der psychologischen Morphologie (morphe = Gestalt). Unter der Leitung Wilhelm Salbers wurden am Psychologischen Institut der Universität Köln von den 1960er Jahren an die unterschiedlichsten Unternehmungen des Alltags untersucht. Die Gestaltung des Alltagslebens läßt sich im einzelnen und im ganzen als Selbstbehandlung des Seelischen begreifen. Letztlich sind es die Alltagsformen, die das Seelische instrumentieren.

Von der Notwendigkeit, dem Seelischen eine Façon zu geben

Vergleichen wir die Konstitution von Mensch und Tier, dann zeigt sich, daß das Verhalten der Tiere weitgehend von Reflex- und Instinkt-Programmen stabilisiert und gesteuert wird, während Menschen in dieser Hinsicht nur minimal ausgestattet sind. Unser Tun und Lassen geht ins Offene. Menschen müssen ihr Leben eigens entwerfen. Sie haben die Chance, sich zu irren und gerade dadurch etwas Neues zu entwickeln. Eine dieser Errungenschaften liegt in dem Entwurf einer Alltagswelt, die, verbindlich geworden, dann ihrerseits Erleben und Verhalten modelliert. Schließlich bewegen wir uns im Rahmen ihrer Anweisungen, als würden auch unsere Unternehmungen von einer Art Programm getragen.

Offenbar ist es dem Seelischen möglich, aus einem Mangel Kapital zu schlagen. Weniger großartig formuliert: Das Seelische behandelt den Mangel an Instinkt-Regulationen, indem es Hilfskonstruktionen hervorbringt, die ihm eine Fassung geben. Das ist die Basis aller Kultivierung. Gestaltung und Gestalt des jeweiligen gesellschaftlich-kulturellen Alltags bieten Halt, Ordnung und Festigkeit – trotz aller Komplikationen und Ungereimtheiten.

Das zeigt sich schon in den Regelungen des Tageslaufs: die Zeremonie des Zu-sich-Kommens am Morgen, die Reinigungs- und Frühstücksrituale, das Ausstaffieren des Körpers, die von Radio oder TV begleitete Rückkehr in die gemeinsame Lebenswelt, das Einkaufen, Putzen, Kochen, Aufräumen, der Weg zu Arbeit oder Spiel, die Aufgaben des Berufs, Clinch und Flirt mit den Kollegen oder Spielgefährten, das Abhängen vor dem Fernseher, die Gestaltung der verbleibenden »freien« Zeit, das Spazierengehen, die Trimm-dich-Strapazen, das Lesen, Musikhören, Basteln und Heimwerkern, der Kinobesuch, die Autopflege, das Festefeiern, der Restaurant- oder Museumsbesuch, die Gestaltung der Wohnung, die Internetausflüge und der Computerdienst, das Telefonieren, das Reisen, die Gegen-Welten der Kunst und vieles mehr.

Wenn man dieses Geschehen von Fall zu Fall beschreibt und zergliedert, zeigt sich, daß Banales und Hochgestaltetes, Eigenes und Fremdes, Bestimmtes und Unbestimmtes, Routine und Geheimnisvolles, Sinnliches und Sinn, Lust und Unlust untrennbar miteinander verbunden und nicht isolierbar sind.

Arbeiten – der Hund braucht seinen Knochen

Wer Arbeit hat, der ist gut dran. Er kann seinen Lebensunterhalt verdienen und hat dann vielleicht noch Geld übrig, um lauter schöne Sachen machen zu können. Gewiß, er kann nicht rumbummeln wie die »glücklichen Arbeitslosen«, denen es manchmal gelingt, das Leben mit interesselosem Wohlgefallen ablaufen zu lassen, als wären sie Lebens-Künstler. Aber die seelische Seite des Arbeitens geht nicht im Geldverdienen auf. Wenn man den Beschreibungen der Arbeitenden folgt, gerät mehr und anderes in den Blick.

Von der Arbeit erzählen wir gern mit einem Unterton des Klagens. Aber wehe, man nimmt sie uns weg. In bestimmter Hinsicht bedeutet Arbeit nämlich eine Entlastung für das Seelische. Wie ein Gerüst trägt sie uns mit ihrer verläßlich wiederkehrenden Ordnung des Tages über die Abgründe der Freiheit hinweg. Diffuses Unbehagen und Sinnfragen haben keine Chance, frei zu flottieren. Als Berufstätige folgen wir der Pflicht des Tages, die die Vielfalt unserer Möglichkeiten an das hier und jetzt Notwendige bindet: »Hic Rhodos, hic salta!« Meist wissen wir recht genau, was zu tun ist und was in einer bestimmten Zeit zu erledigen ist. Damit erhalten die eigenen Handlungen die erlebte Qualität des Dringlichen und deshalb auch Wichtigen.

Aufgaben, Anstrengung und Mühsal fordern uns heraus. Wir können nicht einfach weglaufen, wenn es schwierig wird, wir müssen lernen, Durststrecken auszuhalten, müssen unsere Angst vor dem Scheitern überwinden, erfahren Grenzen und Möglichkeiten des eigenen Könnens und müssen findig werden beim Lösen der jeweiligen Aufgaben. Auf dem Umweg über die Arbeit bringen wir die eigene Reichweite in Erfahrung. Wenn die Arbeit gelingt, kann sich das angenehme Gefühl einstellen, daß wir etwas taugen. Der Betrieb, die Kollegen, »die Sache« brauchen uns. Manchmal scheint es uns dann, daß wir genau das sind, was wir bewältigen können. Arbeit ist eine der vielen Formen der Selbstverwirklichung. Wenn uns etwas glückt und die Arbeit »leicht von der Hand geht«, fühlen wir uns manchmal richtig wohl und geraten in gehobene Stimmung. Beschwingt verlassen wir das Büro. Das Leben wird leicht.

In der besonderen Verfassung der Arbeit sind wir durch Beteiligung an einem gemeinsamen Werk mit anderen Menschen verbunden – nicht immer in Harmonie. Wir lieben auch die Aufgeregtheit, wenn Konkurrenz, Mißgunst, Unterstellungen, Übergangenwerden und Ungerechtigkeit im Spiel sind. Es stimmt nicht, daß das Seelische die Unlust meidet. Wenn Menschen von ihrem Arbeitsplatz berichten, ist jedenfalls kaum zu übersehen, daß die Dramatik des Umgangs ungemein belebt.

Langeweile

Eine grundlegende Erfahrung des Alltags ist die seelische Verfassung der Langeweile. Wer die Langeweile nicht kennt, was mancher voller Stolz bekundet, verdient unser Mitleid. Er fürchtet vielleicht das Verweilen, weil ihn etwas Unbestimmtes, Unberechenbares überwältigen könnte.

Wenn unsere Unternehmungslust brachliegt, spüren wir manchmal schmerzhaft, wie sehr wir angewiesen sind auf das Gefüge des Alltags. Ganz plötzlich kann die Freude auf das Nichtstun am Wochenende in eine unleidliche Offenheit, in vage Beliebigkeit umschlagen. Das kennen wohl die meisten. Alles Mögliche fangen wir an, wir lungern rum, räumen ein bißchen auf, telefonieren ein bißchen, blättern in der Zeitung, was bietet denn das Kinoprogramm, ein schöner Film könnte uns rausreißen, aber bis zum Abend vergeht noch viel Zeit, vielleicht ein bißchen joggen, wir gehen schon an den Schrank, nein, heute mal keine Anstrengung, also nehmen wir das Buch, das wir schon lange auf uns haben warten lassen, kuscheln uns aufs Sofa, doch schon die ersten Sätze kommen uns stumpf vor, warum sollen wir das lesen, also stehen wir wieder auf, gehen zum Fenster, blicken durch die Gardine hinaus, was machen die alle, wieso sind die so munter, uns ist nach Streiten zumute, aber dann hören wir ein knappes: »Schatz, ich bin weg zum Fußball, bis später« – und alles ist still und leer, hoffnungslos, nichts reißt uns raus, nichts verlangt nach unserer Fürsorge, bißchen Blumen begießen, irgendwas Leckeres in den Mund stopfen, aber kein Vorhaben gibt etwas her, das unsere Aktivität tragen könnte, unversehens finden wir uns vor dem Fernseher wieder, wenigstens flimmert es, eine Zeitlang bewegen wir uns mit, aber dann knipsen wir aus, wir werden doch nicht mit dem Mist unsere schöne freie Zeit totschlagen.

Bis wir uns schließlich selbst geschlagen geben. Dann kann sich etwas Neues einstellen. Wir folgen einfach einer Musik, die nicht verlangt, daß wir uns auf etwas werfen. Wir lassen uns tragen. Unser Blick verweilt in den Abwandlungen sich bewegender Schatten auf der Zimmerwand, die von Ästen vor dem Fenster herrühren. Eine Zwischenwelt öffnet sich, in der Erinnerungen aufkommen können an Menschen, die längst gestorben sind. Szenen und Bilder aus Kindertagen können sich einstellen. Wir spüren eine andere Realität als die des werktätigen Voranschreitens in munteren Unternehmungen. Wir sagen dann, daß wir »zu uns« kommen. In der Verfassung dieser Langeweile machen wir, wenn wir nicht flüchten, eine Reise in die befremdliche Seelen-Welt, die zumeist von der Routine des Alltagsgeschehens überlagert wird. Eine Art Ursprung, in dem »Nichts« und »Alles« untrennbar beieinander sind, wird spürbar. In solcher Art Langeweile vergewissert sich das Seelische seiner Anfänge, Untergründe, Hintergründe.

Meistens belebt uns ein Zufall wieder oder eine alltägliche Pflicht. Nach geraumer Zeit blicken wir auf die Uhr. Bald kommt der Schatz vom Fußball zurück. Jetzt wird es aber Zeit. Wir schälen Kartoffeln.

Unsere Hände bewegen sich, wir fühlen und sehen, wie sie erdig werden. Wir waschen Salat. Das Wasser spritzt zurück ins Gesicht. Allmählich verwandelt sich die Schwebeverfassung wieder. Wir tun »etwas«, das belebt, und setzen das Angefangene fort. Es entsteht ein Mahl. Der »Lauf« des Tages hat uns wieder.

Das bedeutet nicht, daß der Alltag nur ein großes Ablenkungsmanöver wäre. Denn gerade in den spezifisch gebündelten und gerichteten Formen der Aktivität geht es immer ums Ganze.

Putzen oder Die Utopie klarer Verhältnisse

Wir sehen uns um und trauen unseren Augen nicht. Überall wuselt etwas herum. Und auf allem diese stumme Schicht von Staub. Wir raffen uns auf und gehen entschieden gegen die Überfremdung unseres Lebens durch Dreck, Staub und Unordnung an. Das helle Seifenschälchen sieht rosa und schmierig aus. Der Spiegel starrt vor Tropfflecken. Auf dem Herd scheint alles zu kleben. Alte Zeitungen, Zeitschriften, Notizzettel, Rechnungen liegen herum.

Wir wappnen uns mit Chemie in Sprühdosen oder mit Schmierseife, nehmen Wassereimer, Schwämmchen und Putztücher zur Hand. Her mit den Gummihandschuhen. Einmal angefangen, können wir nicht mehr aufhören. Rigoros gehen wir gegen das Häßliche vor, gegen das Zuviel der Reste. Indem wir unsere Räume putzen, sind wir von dem Wunsch getrieben, mit dem Schmutz, den Resten, dem Ekligen, dem Herumliegenden ein für allemal fertigzuwerden. Selbst dreckig geworden und nach Schweiß riechend werden wir schließlich ein Teil dessen, was wir zum Verschwinden bringen wollen. Eine Zeitlang suhlen wir uns regelrecht darin, werden selbst zur »Sudelperson«, die Christian Enzensberger in seinem *Größeren Versuch über den Schmutz* entdeckt hat. So sollte uns niemand sehen. Rigoros gehen wir gegen das klebende Durcheinander des Partikularen vor. Wir »räumen auf«, wollen Raum schaffen für die schöne Gestalt. Am Schluß verschwinden wir selbst unter der Dusche. Wenn wir wieder hervorkommen, sehen wir verzweifelt, gekränkt, enttäuscht neue Spuren von Spritzern und Flecken. Jetzt könnte es wieder von vorne losgehen, das Tilgen der Spuren.

An Prozesse dieser Art kommen Psychologen nur heran, wenn sie den Mut aufbringen, das Seelische gleichsam unaufgetrennt zu beobachten und gelebte Zusammenhänge zu beschreiben. Darüber hinaus leiten sie ihre Gesprächspartner, die sogenannten Versuchspersonen, mit Fragen – »Wie war das denn?« »Wie hat es angefangen?« »Wie ist es dann weitergegangen?« »Was ist dazwischen gekommen?« »Woran erinnert Sie das?« – zur Selbstbeschreibung an. Die Methode des Tiefeninterviews geht von Sigmund Freuds Entdeckung unbewußter Zusammenhänge aus. Was jemand als Meinung äußert oder als Begründung für sein Verhalten anbietet, ist schon vernünftig zurechtgemacht und zumeist konventionell entstellt. Man sieht solchen Aussagen nicht mehr die ursprüngliche Beschaffenheit des Erlebten an. Gerade das interessiert aber die psychologischen Psychologen. Nur so können sie sich der Erlebensseite des Geschehens annähern. Sie wollen herausfinden, was bei der Tätigkeit des Putzens, um im Beispiel zu bleiben, dem Handelnden durch den Sinn geht. Stets zeigt sich ein symbolischer Mehrwert, der den berichtenden Akteur zumeist selbst überrascht. In den banalsten Unternehmungen behandeln wir zugleich Grundprobleme unseres Aufenthalts in dieser Welt. Das ist nicht spekulativ im Sinne von »zusammengesponnen«, sondern das läßt sich beschreibend aufdecken.

So können sich zum Beispiel nach den Putzorgien seltsam gemischte Gefühle einstellen. Da ist einmal das Leiden am Vergeblichen. Man kommt nicht um die Einsicht herum, daß es keine schöne Endgestalt ohne Reste gibt. Das Perfekte ist nicht zu schaffen. Wir werden immer wieder »aufräumen« müssen. Vermeintlich zu Ende diskutierte Probleme werden sich erneut einstellen. Der Wunsch nach liebevoll friedlichem Umgang wird immer wieder von Streitereien durchkreuzt. Aber darin liegt paradoxerweise auch etwas Tröstliches, eine Art Gewähr, daß das Leben immer wieder neu aufgenommen werden kann – als würden wir niemals an ein Ende kommen. Wir leben, ja!

Von der Lockerung des Träumens

Nichts ist alltäglicher als das Träumen. Einen großen Teil unseres Lebens verbringen wir damit. Wir schlafen zwar, und unser Körper bewegt sich kaum von der Stelle, aber wir sind ja nicht tot; im Gegenteil. In manchen Träumen agieren wir lebendiger als bei hellichtem Tage. Nach dem Erwachen kommt es uns manchmal so vor, als würden wir aus einem interessanten Film entlassen, in dem uns selbst eine merkwürdige Rolle zukam. Nachts wird unser Seelenleben zum Spielball von Inszenierungen, deren Regie wir nicht in der Hand haben. Wirklich nur nachts? Ausgestattet mit befremdlichen Neigungen sind wir im Traum zu unsinnigen Handlungen fähig, von denen wir am Tage sagen, daß sie uns nicht einmal im Traume einfielen. Aber auch am Tag wirken sie, wir behandeln sie nur anders. In den Träumen entfaltet sich ein Karneval der Verwandlung. Ganz undenkbar, daß wir uns so bei klarem Bewußtsein am hellichten Tage aufführten. Wir benehmen uns wie die härtesten Typen in Blockbuster-Filmen oder schmelzen begehrend-begehrlich dahin hin wie in den süßesten Schnulzen. Wir fliegen über Dächer und Bäume. Wir sind nicht imstande zu bremsen. Autos oder Pferde gehen einfach mit uns durch, ganz zu schweigen von unseren Wünschen. Wir werden von Ungeheuern bedroht. Liebvertraute Menschen bedrängen uns mit unverschämten Anliegen und versetzen uns in Unruhe. Wir sind unterwegs zu bestimmten Orten und kommen wie Rotkäppchen immer wieder vom Wege ab.

Sind wir denn nicht bei Verstand? Das ist uns unheimlich. Deshalb urteilen viele Träumer, wieder zu sich gekommen, das sei alles nur Quatsch, alberner Unsinn, absurd und nichtssagend. Aber das Verwunderliche wirkt nach. Wir beleben es wieder, indem wir davon erzählen wie von faszinierenden Bildern, Filmen oder Büchern. Theodor Fechner hat das die lebendige Nachtseite des Lebens genannt, und Sigmund Freud hat aus der nächtlichen Entfesselung des Seelenlebens ein Jahrhundertwerk gewonnen: *Die Traumdeutung* (1900). Indem er das Traumgeschehen auf das Tagewerk bezog, gelang es ihm, der Bewegung (den verschlungenen Wegen) des Seelischen im ganzen hinter die Schliche zu kommen. Am Tag verborgene »Wünsche« können sich im Traum schadlos halten und zu virtueller Befriedigung gelangen, meinte er. Es kann ja nichts Schlimmes geschehen; motorisch stillgelegt kann der Träumer nicht wirklich Schaden zufügen.

Nun könnte man meinen, am Tag sei das alles ganz anders. Da wissen wir wieder um unsere Grenzen, gehen verantwortungsbewußt und vernünftig unseren Aufgaben nach. Das stimmt und stimmt doch nicht ganz. Das Seelische kommt mit der Gestaltung des Tages nur in eine andere Verfassung.

Wie in einer Übergangszone bewegen wir uns beim Frühstück noch eine Weile hin und her zwischen dem Schwebenden und der Pflicht des Tages. Wir schmecken gleichsam nach und kosten vor. Mit dem Verlassen der Wohnung und dem entschiedenen Gang an den Arbeitsplatz geraten wir wieder in die Wirklichkeit, in der wir uns auskennen. Wir werden »realistisch«, das heißt, wir kennen das Schema dessen, was zu tun und zu lassen ist. Ob wir die Aufgaben nun lieben oder hassen, ob wir ihnen gewachsen sind oder Angst haben zu scheitern – sie sind jedenfalls da, verlangen unsere Aufmerksamkeit und legen eine Schicht routinierter Abläufe über das traumhaft Anders-Mögliche. Aber das heißt nicht, daß der Alltag grau und die Träume golden wären. Der Alltag entwickelt seine eigene Dramatik.

Reisen oder Die Suche nach dem anderen, das auch in uns steckt

»Ich muß endlich mal wieder raus!« Mit dieser Bemerkung kündigt sich das Reisen an. »Immer dasselbe. Mir fällt die Bude auf den Kopf! Ich muß mal wieder etwas anderes sehen!« »Auftanken« nennen wir das auch oder »die Seele baumeln lassen«. Die Tourismusindustrie macht Werbesprüche daraus. Früher dachte man an Bildung und den sich weitenden Horizont.

Das Reisen ist ein wirksames Medikament gegen die Routine, vorausgesetzt es geschieht ohne Führer, ohne Programm, ohne Animateur. Während wir uns in der Heimatstadt fast wie Blinde benehmen – wer staunt noch den Kölner Dom an, wenn er täglich auf dem Weg vom Bahnhof in die Innenstadt daran vorbeiläuft? – imponiert uns in der Fremde einfach alles. Wenn man allein reist, und das ist nach Auskunft der Reisenden die intensivste Form, das andere zu spüren, ist man sogar darauf angewiesen, sehr genau hinzuschauen.

Neugierig nehmen wir wahr, daß nahezu alles anders sein kann als in dem uns vertrauten Leben. Mit dem Sicherheitsabstand, den Kamera oder Fotoapparat festlegen, trauen wir uns ganz nah heran. Umgangsformen, Eßgewohnheiten, Klima, Kleidung, Sprache, selbst der Himmel und die Bäume zeigen ein anderes Bild. Es ist paradox, das bislang Selbstverständliche kann für uns zum Thema werden, wenn oder weil es nicht da ist. Wir spüren etwas davon, daß Wirklichkeit hergestellt wird, auch die uns vertraute. Wenn es dem Reisenden gelingt, nicht alles Fremde am Standard unseres Entwicklungsniveaus und des ihm Bekannten zu messen, kann er sich von den unbekannten Gesichtern, Gerüchen, Aromen beeindrucken lassen.

Indem der kleine Kreis des Selbstverständlichen aufbricht, öffnet sich ein größerer Verwandlungsspielraum. Befangenheiten können sich lösen. Wenn denn alles anders sein kann, dann kann wohl auch »ich« aus der Reserve gehen. Indem wir uns im Anderen aufhalten, können wir uns selbst anders verhalten. Das neue Umfeld hat etwas von einem Spiegel, in dem wir uns neu sehen lernen können. Selbst der hygienisch Eingeschüchterte, der Montezumas Rache fürchtet, langt schließlich mit den Fingern in denselben Topf wie die Einheimischen.

Auf sich allein gestellt, wendet er sich aufmerksam und neugierig dem Fremden zu. Manchmal gelingt es, Prinzipien über den Haufen zu werfen, die zu Hause heilig wären. Menschen, die uns nicht kennen, legen uns nicht wie Verwandte und Freunde zu Hause auf ein bestimmtes Bild fest. Sie reagieren situativ, und wenn wir Glück haben, tun wir das auch. Wir fühlen uns frei und entlastet von der eigenen Geschichte.

In den Reise-Andenken nehmen wir das Anders-Mögliche mit. Wir wollen es nicht aus den Augen verlieren. Aber wenn wir dann zurück sind, stellen wir nach geraumer Zeit mit gemischten Gefühlen fest, daß wir doch wohl so sind, wie wir uns in der vertrauten Welt mit den vertrauten Mustern und Menschen eingerichtet haben. Etwas wehmütig betrachten wir den verrückten Hut und die farbigen Kleider. Nachdem wir sie ein-, zweimal getragen haben, verschwinden sie schließlich im Schrank. Sie passen nicht zu uns – wie wir hier sind. Aber wir wissen genau, dort werden wir wieder hinfahren.

Die eigene Geschichte: Figuren der Verwandlung

Das Rätsel der Sphinx

»Es gibt auf Erden etwas, das hat zwei Füße, vier Füße und drei Füße, und es hat ein und denselben Namen – von allen Wesen, die auf der Erde, in der Luft oder im Meer leben, ist es das einzige, das seine Natur ändert; aber die Geschwindigkeit seiner Glieder ist am geringsten, wenn es auf den meisten Füßen läuft.« So lautet das berühmte Rätsel der Sphinx.

Das geflügelte Ungeheuer mit Frauenkopf und Löwenkörper samt Tatzen und Krallen stellte den jungen Männern, die ihm vor den Toren der Stadt Theben jeweils begegneten, diese merkwürdige Frage. Wer die Lösung nicht fand, wurde von der Sphinx verschlungen. Ödipus war es vorbehalten, so erzählt der Mythos, die Stadt von dem Ungeheuer zu befreien. Denn er wußte die Antwort: »Du meinst den Menschen; wenn er auf Erden geht, ist er zuerst ein Säugling auf allen vieren; und wenn er alt wird, ist er gebeugt und vermag kaum den Kopf zu heben, wenn er sich auf seinen Stock stützt als seinen dritten Fuß.« Darauf stürzte sich die Sphinx zu Tode. Als Dank, daß er die Stadt Theben von dem blutrünstigen Ungeheuer befreit hatte, schenkte Kreon sein Reich dem jungen Ödipus. In welch prekäre Lage er dadurch geriet, hat Sigmund Freud analysiert.

Die Lebenstreppe

Nach welchen Regeln sich die »Natur« des Menschen »verändert« und welche neuen Formen dabei entstehen, untersuchen Entwicklungspsychologie und Lebenslaufforschung. Sie haben es schwer, weil so viele bewegliche Momente im Spiel sind. Eins ist deutlich, die Entwicklung unserer Geschichte vollzieht sich nicht in einem Rutsch, sondern in »mannigfachen Biegungen und Brechungen« (Oswald Kroh), vorstellbar im Modell von Stufen, Phasen, Spiralen, Schichten oder Metamorphosen.

In der Antike unterteilte man den menschlichen Lebenslauf in Phasen. Vom 13. Jahrhundert an verbreitete sich in Europa die Denkfigur einer chronologisch gegliederten Lebenstreppe. In den ersten vierzig Jahren steigen wir in die Höhe: Wir werden größer, kräftiger, besser, schneller, klüger, unabhängiger, männlicher oder weiblicher, fruchtbarer, erfolgreicher und vieles mehr. Zwischen dem vierzigsten und fünfzigsten Lebensjahr erreichen wir eine Art Höhenplateau. Dann geht es auf der anderen Seite wieder runter – bis ins Grab. Symmetrisch zum Aufstieg nehmen die Kräfte stufenweise ab.

Aufstieg und Verfall bis zum Tod wurden bis ins 19. Jahrhundert in zahlreichen Holz- und Kupferstichen dargestellt, erläutert durch Spruchbänder und ergänzt mit Tiersymbolen. »Vierzig Jahr wohlgetan, funffzig Jahr stille stahn, sechzig Jahr gehet das Alter an ... neunzig Jahr der Kinder Spott«. Dem vierzigsten Jahr wurde der Löwe zugeordnet, dem fünfzigsten der Fuchs und dem neunzigsten der Esel: Sinnbilder für den Gestaltwandel des Seelischen, verbunden mit der Zuschreibung einer Position im gesellschaftlichen Gefüge der Großfamilie. Rechte und Pflichten wurden nach Zugehörigkeit zur jeweiligen Altersgruppe bestimmt. Es mußte nicht im einzelnen ausgehandelt werden, wann die ältere Generation der jüngeren Platz zu machen hatte. Die Lebenstreppe zeigte »objektiv«, wann die Führenden auf dem Abstieg waren.

Über die Beachtung des Quantitativen (mehr und weniger) hinaus interessiert die Psychologie die Qualität (Art und Weise) seelischer Veränderung. Dem Modell des Dramas folgend, kann man das Geschehen einer Folge verschiedener Akte zuordnen: 1. Einleitung, 2. Steigerung, 3. Verzögerung, 4. Wendepunkt, 5. Läuterung. Oder man beachtet, in welche Richtung sich das Seelische verwandelt: vom ganzheitlich Diffusen zum gestalthaft Gegliederten; vom Primitiven zum Kultivierten; von der Abhängigkeit zur Selbständigkeit; vom Triebgesteuerten zum Angepaßten; vom Naiven zum Differenzierten; von der Symbiose zur Weitung des sozialen Horizonts.

Die erste Reise

Stellen wir uns vor, wir wären erst vor einem dreiviertel Jahr irgendwo angekommen. Wir haben uns eingerichtet in der winzigen Einraumwohnung, bis schließlich alles zusammenpaßt. Die Geräusche sind uns vertraut geworden, und an das leichte Schwanken haben wir uns auch gewöhnt. Es gibt solche Häuser, das muß nicht gleich schlimm sein. Und dann wirft man uns eines Tages unversehens raus, schickt uns ins Ausland. Eine strapazierend lange Anreise im engen Liegewagen, komisches Rangieren, vor und zurück; dann das letzte Stück im Tragflügelboot. Endlich an Land sind wir völlig fertig. Was für ein aggressives Klima, man kriegt ja kaum Luft. Äääh! Irgendetwas stimmt nicht mit den Muskeln, man muß uns halten, sonst flappen wir zusammen. Der Kopf klappt regelrecht nach hinten ab. Irritiertes Gezappel. Da ist etwas Helles, aber unklar. Starker Nebel. Am besten, wir machen die Augen zu. Scheppernd drängen Geräusche ans Ohr. Von der Sprache verstehen wir gar nichts. Man merkt nicht einmal, wo ein Wort zu Ende geht und wo das nächste beginnt. Komisches Gesummse in auf- und absteigenden Linien, viele hohe Töne: Issiienichsüüüßneinsowasissiienichsüüüüß! Leere, diese komische Leere im Körper. Plötzlich landen wir mundwärts im Weichen. Ein weicher, warmer Strahl im Gesicht, hmm! Es kommt über uns: mehr! Wir drängen das ganze Gesicht gegen das Weiche, wir spitzen den Mund, und eh wir noch wissen, was wir tun sollen, schnappen wir zu. Mehr! Wo bleibt die Luft?

Und saugen und schmatzen, bis wir uns nach geraumer Zeit einfach fallen lassen, erschöpft und satt und voll. Bum-bum, bum-bum, den Rhythmus kennen wir von innen, er lullt uns ein. Wir vernehmen gerade noch die hohen Töne mit dem langen »i« und »ü«: issiienichsüüüüüß – und weg sind wir.

Ungefähr so könnte es gewesen sein, damals in den allerersten Augenblicken unserer Ur- und Frühgeschichte.

Jeder hat mal klein angefangen

Wenn hier von der Entwicklung in frühester Zeit die Rede ist, dann heißt das nicht, daß es um Kinderkram geht. Daß wir alle klein anfangen, sagt etwas Wichtiges: Wir kennen den Anfang unserer Geschichte nicht. Zwar waren wir dabei, aber wir können nicht sagen, wie. Unser Körper »weiß« vermutlich etwas, aber der schweigt. In wiederkehrenden Gerüchen und Bewegungsrhythmen berührt uns manchmal etwas Vertrautes. Wie war das doch? Wo sind wir gewesen? Unser Seelenleben ist eingelagert in Ungewußtes und Unbestimmtes. Nicht nur zu Beginn des Lebens. Jeden Morgen könnten wir dieselbe Frage stellen, wenn wir aus Traum und Schlaf erwachen. Jeder Tag eine kleine Wiedergeburt, jeder Tag eine Verwandlungsgeschichte?

Unbeholfen fangen wir an; ein paar Reflexe, kein ordentliches Instinktprogramm, wie es die Tiere haben. Alles ist fragwürdig. Hätten wir nicht etwas, das andere rührt, wir würden nicht durchkommen. Doch gleichzeitig kennt unser Seelenleben keine Stunde Null. Eine gestaltete Lebenswelt fängt uns auf und legt uns ihre Ordnung und Formen nahe – in China anders als bei den Eskimos, den Westeuropäern, den Himalayavölkern. Doch zu Anfang wissen wir nichts von anderen Lebensformen, nebenan oder in Alaska. Was wir vorfinden, imponiert uns als Welt überhaupt, so wie sie gewiß immer und überall existiert.

Rhythmus, Körpergefühl, Erfüllung und Versagung von dringendem Verlangen werden zur unbegriffenen Grundlage von späterem Selbst- und Weltverständnis. In der frühen Atmosphäre gewinnt das Seelenleben eine erste ungefähre Form, wie ein Vorentwurf oder eine Skizze für spätere Überarbeitungen. Das Bild vom Menschen, wie es jeweils tradiert und vom Zeitgeist geformt ist, wirkt in den Forderungen und Förderungen von Mutter, Vater und anderen Pflegern auf uns ein. Eine besondere Rolle spielen die Mütter. Kein Zweifel, wir beginnen als Teil von ihnen. Ihr Körper war unsere erste Wohnstatt, unsere erste Kleidung. Nur sehr bedingt sind wir Schmied unseres eigenen Glücks.

Kinderärzte und -psychologen untersuchen die Grundausstattung des Geborenen: Wann hört es, wann blickt es gezielt, wann greift es, unter welchen Bedingungen nimmt es, was kann beruhigen, wie lallt es, wann »spricht« es, wann versteht es Klang und Sprache?

Unsere erste Perspektive ist die des Flachgelegten. Angenehmes und Schockierendes kommen buchstäblich von oben. Oben spielt sich das Leben ab. Flüchtige Schatten beugen sich über uns: Zuneigung. Wir sind angewiesen auf die Zuneigung von Gott-Mutter und Gott-Vater. Man nimmt uns auf, und man legt uns ab. Kaum können wir uns an den Perspektivenwechsel mit seiner überwältigenden Bilderflut erinnern, der einsetzte, als die Großen begannen, uns auf dem Arm herumzutragen. War das noch dieselbe Welt? In schwerer Krankheit kehrt manchmal dieses Frühe wieder. Wer sich nicht selbst aufrichten kann, nicht gezielt zupacken, nicht wegrennen, sein Begehren nicht selbst erfüllen oder sprachlich artikulieren kann, lebt in einer ganz und gar anderen Welt.

Der Mensch als Säugling ist der Alien par excellence. Er zappelt wie ein Irrer, zeigt die Mimik eines Komikers, gibt Laute von sich wie eine Katze, spielt Fangen mit Füßen und Händen, als wären es Außendinge, riecht wie ein Clochard, wenn man ihn nicht pflegt, stellt mit seiner Schreierei selbst Joe Cocker in den Schatten und dämmert nach seiner Milchportion beseligt ein wie ein Trinker.

Elementares

Wenn Psychologen die Metamorphosen seelischer Entwicklung betrachten, stoßen sie auf fundamentale Erfahrungen. Eine erste Stolperstelle verbindet sich mit der Geburt. Im Lauf des ersten Lebensjahres bricht die symbiotische Einheit der Vorzeit auf, der Zustand grenzenlosen Wohlgefühls, als Wunsch und Bedürfnis noch wie in einem Handlungskreis mit der Befriedigung fein abgestimmt waren. A la longue hält die Pflegeperson nicht, was sie zu versprechen schien: lebenslange Erfüllerin frühester Wünsche nach Nähe und Geborgenheit zu sein. Und wehe, sie täte es! Wir kämen niemals selbst in die Gänge.

So erlebt der kleine Mensch, daß er ein einzelnes Gebilde ist, abgegrenzt und angewiesen zugleich. Das bringt ihn unter Druck. Die Spannung zwischen Einssein und Fürsichsein mindert sich, wenn nach und nach ein Gefühl von Kontinuität aufkommt, eine Art »Urvertrauen« (Erik H. Erikson) – in sich selbst wie in die Welt.

Eins plus eins macht eins oder Paradoxien der Zweisamkeit

In dieser ersten Metamorphose steckt ein Prototyp jeder Bindung. Sigmund Freud hat in der Arbeit mit seinen Analysanden gefunden, daß die erwachsenen Verhaltens- und Erlebensfiguren lediglich Neuauflagen früh erlebter Konstellationen sind. Die frühen Erfahrungen konfigurieren sich zu Mustern und stehen in späteren Situationen als Lösungsversprechen bereit.

Verliebte finden unversehens in einer symbiotischen Einheit zusammen, saugen sich aneinander fest, können kaum ertragen, daß sie nicht immer zusammen sind, betütteln einander, verfallen in Diminuitivformen der Anrede, tauchen unter Freunden nur noch als Doppelfigur auf und gehen der Welt verloren. Oftmals bemerken sie das erst, wenn sie sich wieder trennen. Dann ist ihnen, als müßten sie noch einmal laufen lernen.

Das Austarieren von Nähe und Distanz sowie von Bestimmen und Bestimmt-Werden wird zum ewigen Kunststück jeder Beziehung, die über die ersten Anfänge hinauskommt. Äußerungen wie »Du läßt mir keine Luft zum Atmen« – »Du hast überhaupt keine Zeit mehr für uns« – »Immer soll alles nur nach deinen Vorstellungen geschehen« – »Wo bleiben denn meine Wünsche?« spiegeln das Spannungsfeld mit seinen Vorwürfen, Kränkungen und Enttäuschungen.

Wie jeder einzelne macht auch jede Beziehung ihre Verwandlungen durch, soll sie in erträglicher Weise andauern. Nach dem akuten Liebeswahn und den ersten Jahren des Honeymoon stellen beide ein wenig ernüchtert fest, daß eins plus eins wohl doch zwei sind.

War es früher selbstverständlich, daß man um jeden Preis durchhielt, so ist es heute eher modern, bei den ersten Schwierigkeiten für Quereinsteiger, die neue Seligkeit versprechen, offen zu sein. Durch die Beziehungen zappen – bis wir irgendwann vielleicht begreifen, daß es weniger daran liegt, immer nur den »Falschen« begegnet zu sein, sondern mehr damit zusammenhängt, daß wir uns selbst ändern müssen. Es ist immer noch leichter, sich vom anderen zu trennen, als von eigenen Empfindlichkeiten und Ansprüchen. Als Singles stimmen wir das hohe Lied der Freiheit an, ein bißchen zu laut; es scheint insgeheim die Angst vor der Einsamkeit überdecken zu sollen.

Die Frauen sind auch nicht mehr, was sie mal waren. Emanzipiert vom tradierten Bild »Kinder-Küche-Kirche« stehen sie jetzt selbst ihren Mann. Darüber soll sich der Partner freuen, aber manch einer knickt angesichts dieser betonten Konkurrenz ein. Begleiterscheinung ist die Emanzipation des Mannes. Er belebt die eigene feminine Seite und findet damit oftmals mehr Zuneigung von seiten der Männer. Ähnlich steht es mit der Liebe von Frau zu Frau. Aber nach einer kleinen Weile brechen auch in diesem neuen Typ der Partnerwahl die alten Probleme auf.

Es gibt kein Patent für das glückliche Zusammensein mit Menschen. Es sei denn, wir beherzigen die Empfehlung, die Form des Miteinanders gemeinsam umzubilden, statt uns in Vorwürfen darüber zu verkanten, daß »er« oder »sie« nicht mehr so ist wie zu Beginn: so selbst-los, so liebevoll, so aufmerksam, so schön, so vielversprechend, so gepflegt, so einfallsreich, so gut im Bett, so ein guter Zuhörer, so eins mit mir ... Offenbar haben wir in unserer Kultur keine Sympathie für Verwandlung entwickelt, weder für die eigene, noch für die des anderen und schon gar nicht für die der Eins.

Lieber weinen wir über das verlorene Paradies oder flüchten auf die Spielwiesen der Unverbindlichkeit oder versinglen uns oder belügen einander und machen uns etwas vor. Keine Beziehung kann bleiben, wie sie war. Aber die wenigsten lernen, damit umzugehen. Daß jeder »eigen« ist, erfahren wir zwar stets von neuem, aber wir können es nicht leiden. Das andere am anderen lieben oder wenigstens als Bereicherung des Eigenen schätzen, diese hohe Kunst gelingt selten.

Selbst im Verhältnis von Mutter/Vater und Kind werden Veränderungen nur bedingt geschätzt. Solange das Kind in Richtung Anpassung an die Erwachsenenwelt »Fortschritte« macht, findet man es artig. Dann wird es zum süßen Vorzeigekind. »Guck mal, wie hübsch es Männchen macht!« Aber wenn es seine Eigenart entwickelt und eigensinnig wird, dann bekommt es Probleme mit den Eltern, die ganz übersehen, wie eigenartig sie selbst geworden sind ...

Untrennbarkeit von Entwicklung und Erziehung

Festigkeit gewinnen, laufen und fortlaufen können, festhalten und loslassen, die Beweglichkeit des eigenen Körpers steuern – all das bereichert nicht nur die kindliche Lebenslust. Die Welt ist größer als ein Mutterschoß; sie scheint eine »Muckibude« zur körperlichen Ertüchtigung zu sein. Indem das Kind seine Kraft entwickelt und genießt, bringt es seine eigene Reichweite in Erfahrung. Die Dinge locken. Es will sie spüren, schnappen, mit Mund und Händen festhalten, mit dem ganzen Körper berühren –

sinnlich unsittlich; manche Eltern ertragen das kaum. Es benimmt sich ja wie ein Tier. Es läßt seine Muskeln spielen, wird waghalsig, fliegt immer wieder hin, steht aber genauso schnell wieder auf, wenn die Großen kein Lamento machen. Da capo! Es spürt nicht nur das angenehme Gefülltwerden; es gefällt ihm auch, etwas Materiales aus dem Körper hervorzuzaubern. Aber ständig stößt es auf Grenzen, gerät in Clinch mit den Standards unserer Kultur vom distanzierten, reinlichen, zurückhaltenden Menschen.

Entwicklung und Erziehung sind untrennbar. Das Kind schmiert gern rum mit seinem Kot, mit dem weichen Spinat, mit allem, was es in die Finger kriegt. Es ist ein richtiges Ferkel. Die Reinlichkeitserziehung wird in unserer Gesellschaft und Kultur zum Schaukampf um die Macht: Wer kann verfügen, wer muß lernen zurückzuhalten, wer muß dulden, wer wird unterworfen? Frühe Erfahrungen der Auseinandersetzung zwischen den Kleinen und den Großen. Autonom und zugleich voller Zweifel, verschämt und unverschämt beharrt das Kind auf dem Seinen, als würde es sagen: »Ich bin, was ich setze!« Das verliert sich auch nicht im Leben der Erwachsenen.

In einer Zeit, die gar nicht so weit zurückliegt, bildeten sich Eltern und Erzieher ein, sie würden etwas Gutes für Kind und Gesellschaft tun, wenn sie den sogenannten Trotz brechen. Das mag in einer Gesellschaft, die Befehlsempfänger und gefügige Untertanen braucht, sogar richtig sein. Aber eine Gesellschaft, die sich als Demokratie versteht, ist auf Menschen angewiesen, die sich aus freien Stücken steuern können. Stolz auf seine erste Produktion braucht das Kind Spielraum und Spielzeit, um selbst herauszufinden, daß es auch Vorteile hat, wenn es sich bremsen kann.

Für die freie Wildbahn des Lebens braucht es Selbstvertrauen und Selbststeuerung. So rennt es wie in einer Vorübung gegen die von Vater und Mutter besetzten Positionen der Stärke an, voller Initiative. Es traut sich zu, das Leben selbst zu meistern. Konflikt und Krise werden zum Katalysator seiner Verwandlung. In den frühen Jahren formen sich Grundhaltungen, die später helfen, seinen Platz inmitten von Gesellschaft und Kultur zu erobern.

Kleiner Größenwahn oder Little Ödipus

Mit drei, vier, fünf Jahren hat das Verhalten des Kindes einen Anflug von Größenwahn, als wäre es bereits fertig. Zwar fragt es viel, aber eigentlich hat es selbst schon die besten Erklärungen. Es »versteht« einfach alles – auf seine Art. Woher der Wind kommt? Vom heftigen Zappeln der Blätter an hohen Bäumen; sieht man ja! Über Wörter verfügt es so, daß es jeden dusselig reden könnte. Das Laufen muß es schon lange nicht mehr üben. Überhaupt beherrscht es seinen Körper. Also, »er« ist längst so liebenswert und interessant für Mutter, wie es der

Vater ist, und »sie« ist für Papa mindestens so großartig wie Mutter. Da ist einer/eine zu viel. Geh weg, damit ich an deine Stelle treten kann! Aber sei mir nicht böse. Ich hab dich doch lieb! Aber du störst meine Einheit mit Mutter/Vater, geh weg! Ich würde dich am liebsten aus dem Weg räumen! Aber bring mich nicht um! Ich brauche deine Hilfe!

Es geht um das Dilemma gegenläufiger Neigungen, wie wir es alle kennen. Freud hat diesen Entwicklungsschritt als »Ödipuskonflikt« bezeichnet. Im Unwissen erschlägt der Ödipus des Mythos seinen Vater und heiratet seine Mutter.

Mit Mutter oder Vater schmusen, das war immer angenehm, aber jetzt hat die Körpernähe die sinnliche Qualität einer ersehnten engen Beziehung zwischen Tochter und Vater wie zwischen Sohn und Mutter. Das geht nicht nur vom Kind aus. Wieder setzt unsere Kultur eine Grenze: Die Welt ist größer als die Familienzelle. Wie im Märchen werden die Kinder in die weite Welt hinausgeschickt. Die von der Gesellschaft eigens geschaffenen Institutionen wie Kindergarten und Schule machen die Kinder vertraut mit den spezifischen Standards der Erwachsenen-Welt. Die Zivilisations-Dressur kann beginnen, wenn sich das Kind eine Art Maß für das, was geht und was nicht, angeeignet hat. Man muß ihm nicht mehr unentwegt von außen Grenzen setzen. Die heikle Einverleibung des von Freud sogenannten Über-Ichs, eine Art Alarmanlage seiner eigenen seelischen Architektur, erlaubt ihm, sich in einen größeren sozialen Spielraum hineinzuwagen. Seine ambivalente Gebundenheit, die Liebe und

Konkurrenz mit Vater, Mutter, Geschwistern verlieren ihre Dringlichkeit. Im Umgang mit den fremden Menschen beleben sie sich allerdings wieder.

Das Kind wird frei für die Gestaltung eigener Werke. Hat es in den Anfangsjahren Urvertrauen, Autonomie und Initiative (Erik H. Erikson) entwickelt, sucht es jetzt Aufgaben, die es mit Ausdauer und Geduld auf eigenen Wegen lösen will. Durchkreuzen die Erwachsenen sein Tun mit ihren Ansprüchen und strengen Vorgaben, wie man es »richtig« macht, kann das Kind dieses neue Vergnügen am Bewerkstelligen auch wieder verlieren.

Ähnliches spielt sich ab, wenn Erwachsene ihrem Beruf nachgehen.

Um das Gefühl von Minderwertigkeit und Nichtgenügen zu vermeiden, wendet sich mancher lieber der Wirklichkeit zu, die durch das Fernsehen programmiert ist. So kann er Entwürfen und Projekten nachhängen, ohne an der Kritik der Großen/Vorgesetzten scheitern zu müssen. Gelingt es aber, in eigener Regie mit den Dingen etwas anzufangen und im Umgang mit den jeweiligen Problemen sein Können zu entfalten, dann gewinnt das Leben neuen Halt.

Revolte als Übergang

Kaum hat sich das Leben des Kindes in dieser neuen Haltung konsolidiert, rüttelt eine neue Unbegreiflichkeit an der Stabilität der seelischen Errungenschaften. Der Körper spielt verrückt. Alles streckt sich oder beult sich aus. Haare sprießen an Stellen, die bislang nackt waren. Die Stimme kippt. Heimlich werden sexuelle Lustmöglichkeiten in Erfahrung gebracht. Darf man das? Die Rollen vereindeutigen sich ins Männliche oder Weibliche. Ist man auch für die anderen genügend interessant, schön, klug und liebenswert? Wie steht man jetzt da? Als abhängiges großes Kind oder schon erwachsen? Nicht Fisch, nicht Fleisch. Welche Sorte Mensch ist er/sie denn überhaupt? Ein Abziehbild der Eltern oder etwas ganz eigenes? Diese Frage hat sich dem Kind bisher so nicht gestellt.

In wenig differenzierten Gesellschaften rücken die Jugendlichen gleichsam automatisch an eine neue Stelle, werden Bauer oder Krieger, Jäger oder Sammlerin oder Mutter mit Familienbetrieb. Von den körperlichen Veränderungen her könnten sie bald selbst Vater oder Mutter werden. Aber in unserer Kultur hängen die Jugendlichen irgendwie dazwischen. Die westliche Kultur und Gesellschaft – komplex, unüberschaubar, differenziert – verfrachtet die neuen Mitglieder nicht ohne weiteres an eine definierte Stelle. Sie bremst gleichsam deren Erwachsenwerden, indem sie ihnen eine Experimentierzeit zubilligt. Und sie erwartet, daß die Jugendlichen in einer zugebilligten Schonzeit in Erfahrung bringen, welche Nische des gesellschaftlichen Lebens die ihre sein könnte. Das »Spiel« mit Rollen – für Erwachsene manchmal die indizierte psychotherapeutische Maßnahme – läßt erfahren, wie man sich fühlen würde, wenn ... Auftritte, Verkleidung, Redewesen, Denkfiguren, häufig bewunderten Idolen entlehnt, provozieren die Reaktion der anderen. Wie würden sie mit mir umgehen, wenn ich …

Die Warenwelt hat das längst entdeckt und umwirbt die jungen Selbstgestalter massenhaft mit Individualitätsangeboten. Uniformierung mit einer Gleichaltrigenclique hilft beim Abgrenzen von der Elterngeneration. Wege, aber auch viele Umwege werden auf der Suche nach einem Selbstverständnis ausprobiert. Es hebt die eigene Geschichte in einem Bild auf, dem auch die anderen zustimmen sollen, die als Gruppe für den Youngster so wichtig sind. Als Schlagwort dafür hat sich der mißverständliche Begriff »Identität« durchgesetzt. Recht verstanden meint das, auf dem Boden des geschichtlich gewordenen gesellschaftlich-kulturellen Lebens einen eigenen Entwurf zu wagen.

Als hätten sie einen siebten Sinn für diejenigen Anschauungen und Unternehmungen, die ins Lebensbild der Elterngeneration nicht passen, bringen sie selbst gerade diese ins Spiel. Ist das Lebensbild der Eltern eng und streng, dann geht die Forderung der Jugendlichen in Richtung Leichtigkeit. Ist es vage und anti-autoritär, dann verlangen die Jugendlichen Entschiedenheit und eine klare Linie. Handelt es sich um Dauerrevolution, verlangen die Jugendlichen das Verweilen im Hier und Jetzt.

Wie immer die Welt der Erwachsenen beschaffen ist, sie kann den Jugendlichen nicht passen. Denn sie sind unter anderen Bedingungen aufgewachsen als ihre Eltern: die gescheiterte Gott-Kaiser-Vaterland-Welt, die nationalsozialistische Restaurations-

Kriegs-Zusammenbruchs-Welt, die Wiederaufbau-Wirtschafts-Wunder-Welt, die Blumenkinder und 1968er-Revolte-Welt, die Anything-Goes-Spaßwelt, die globale Computer-Multi-Kulti-Welt. Die jeweils realisierte Welt ist eingelagert in einen Hof latenter Alternativen.

Jugendliche erkunden die alternativen Möglichkeiten – als philosophisch-psychologische Diskutanten, als glückliche oder verquälte Erstmalig-Verliebte, als grenzüberschreitende Draufgänger, als muffig Weltabgewandte, als Szene-Statisten, Cliquenmitglieder und Besserwisser. In mehr oder weniger ausgedehnten Zeitspannen wechseln sie ihre Perspektive, bis sie in der geschichtlichen Verschiebung der Verhältnisse für ein Gegen-Bild sensibel werden – Entwurf und Utopie von »ihrer« besseren Welt. Ein unvermeidbarer, beunruhigender, dramatischer und für die Entwicklung von Gesellschaft und Kultur fruchtbarer Vorgang.

Als junge Erwachsene suchen wir unsere Aufgabe dann in der Erhaltung und Weiterentwicklung dieser »neuen« Welt. Wir fühlen uns wohl, wenn man uns als Mitglied der Gesellschaft achtet, ob wir nun als Mütter oder Väter oder als Singles am gemeinsamen Treiben mitwirken.

Neustart mit Wiederholungen

Haben wir uns dann mit dem befriedigenden Gefühl, in unserer eigenen Geschichte angekommen zu sein, eingerichtet in Familie, Partnerschaft und Beruf, schwant uns eines Tages, daß *eine* Revolte nicht genügt. Etwas in uns begehrt auf gegen die Einengung, die mit der Realisierung des eigenen Entwurfs verbunden ist. »Wenn ich doch noch einmal neu beginnen könnte …«, so wie ich jetzt bin, weniger verhuscht, ängstlich und naiv. Ein Partner ist in dieser Situation praktisch: Er ist schuld. Zum Teil mag das sogar zutreffen. Aber das ist nicht alles. In der Lebensmitte, meint C. G. Jung, erleben und erleiden wir, daß die gesellschaftliche Realität nicht alles bedeutet. Die Maske, die wir trugen, schützt nicht mehr. Begrenztheit und Tod lassen sich nicht mehr auf ein Gesprächsthema reduzieren, sie werden spürbar, deuten sich körperlich an. Wir sehen nicht mehr so frisch aus. Der Spiegel zeigt Falten im eigenen Gesicht. Wie ist denn das passiert? In Krankheit oder in der Angst davor bedrängt es uns: Es wird nicht ewig so weitergehen.

Berufstätigkeit und Kinderversorgung sind zur Routine geworden. Die großen Kinder lösen sich, gehen eigene Wege. Was sind wir nun selbst, zurückgelassene Larven? Da bewegt sich neben mir auf der Rolltreppe im Kaufhaus eine ältere Frau mit nach oben. »Bin das etwa ich? Ich habe doch gerade erst angefangen, mich auf das Leben vorzubereiten.« Wir fangen an zu zählen. Schon mehr als die Hälfte vorbei? Wieviel ist noch drin? Zeit, mit aufgeschobenen Vorhaben ernstzumachen. Wenn nicht jetzt, wann dann? Lebensgier kommt auf. Keine Kompromisse mehr! Es drängt uns, das Muster des eingespielten Lebens zu verrücken. Eine Revolte, der Jugendzeit analog, doch jetzt richtet sie sich gegen das eigene Hauptbild. Kann man gegen die eigene Geschichte revoltieren und aussteigen? Ich sehe doch noch ganz passabel aus für mein Alter. Reserven beleben! Noch fühle ich mich jung! Noch ist es nicht soweit. Noch nicht!

Immer noch stutzt uns die Arbeit die Flügel. Und doch bringt das »Eigentlich-wollte-ich-immer« einen Ruck in die eigene Geschichte. Springst du mit, oder müssen wir uns trennen? Noch einmal Liebe, Kunst, Literatur, Erde umdrehen, den Garten bebauen!

Die Freigelassenen der Arbeitswelt

Aber was ist, wenn wir dann soweit sind, daß uns die Gesellschaft tatsächlich entpflichtet? Ganz so lustig, wie die Dritte-Zähne-Reklame und andere auf die Käufergruppe der »Alten« zugeschnittene Werbung glauben machen will, sind wir wohl kaum, wenn uns der gesellschaftliche Betrieb als überflüssig erklärt. Wir werden einfach gestrichen und ersetzt. Das kommt einer Gehirnwäsche gleich. Nichts von dem, was ein Leben lang wichtiger sein sollte als alles andere, gilt mehr. Was tun?

»Ruhestand«, dieses Gruselwort, was ist das? Bescheidenes Warten auf den Tod? »Du hast es gut, brauchst dich um nichts mehr zu kümmern. Mach doch einfach, was dir Spaß macht!« So reden diejenigen, die noch meinen, daß ihre Arbeitspflichten sie an der Realisierung des Eigentlichen hindern. Gewiß, zuerst fühlt es sich an wie ein längerer Urlaub, aber dann? Wie macht man das denn, Tag, Monat und Jahr in eigener Regie organisieren und mit Sinn versehen? Wie machen das die vielen, die in ihrem Leben wenig eigene Regie und Eigeninitiative kennengelernt und geübt haben?

Eine Tätigkeit suchen und freiwillig weitermachen wie bisher? Als Babysitter der Enkel, als grüner Engel in Krankenhaus oder Seniorenheim? Ein Studium aufnehmen? Das Malen, Schreiben oder Filzen erlernen? Bilanz ziehen? »Alter als Chance« kann man an Litfaßsäulen lesen. Warum grinsen die Alten so fröhlich vom Plakat herab? Das Fernsehen zeigt, wie man sich gegen Übergriffe von erwachsenen Kindern wehren und wie man mit ein paar Milliönchen in einer Alten-WG frei, abgeklärt und selbstbewußt mit jugendlichem Elan sein Rest-Leben organisieren kann, einander verstehend und unterstützend. Hauptsache, locker!

Der Dichterpsychologe Goethe empfiehlt Entsagung. Aber älter als achtzig Jahre verliebt er sich noch einmal, in das junge Mädchen Ulrike, und wünscht nichts sehnlicher, als sie zu heiraten. Sich mit Jugend vermählen. Es fällt schwerer, als wir uns je vorgestellt haben, damit einverstanden zu sein, daß auch wir in den großen Kreislauf von Leben und Sterben eingebunden sind. Dabei hat das Alter, ohne dieses Einverständnis, keine Chance, eine lebendige Zeit, eine Lebensphase zu werden.

VI
Psychotherapie zwischen Dressur und Schamanismus

Das »Man« und der Eigensinn

Usprünglich entfalten sich Verhalten und Erleben »polymorph pervers« d. h. vielgestaltig drehbar nach allen möglichen Richtungen. Es ist die Gemeinschaft, die den Drehungen mit der Festschreibung bestimmter Normen eine Grenze setzt. Sie ist daran interessiert, die Ungebärdigkeit ihrer Mitglieder zu zähmen. In eigens geschaffenen Institutionen werden jeder und jede für das große Getriebe ertüchtigt. Zivilisationsdressur hat Norbert Elias das genannt. In Familie, Kindergarten, Schule, Universität, Ausbildungsplatz, Beruf üben wir ein, wie »man« sich gibt. »Das tut man nicht!« Über dem Eigensinn der Verwandlung steht dieses große »Man«. Jeder merkt früher oder später, welche Beschäftigungen, welche Auffassungen, welche Handlungen, welches Vergnügen, welche Bindungen, welche Lieben zum Lebensbild seiner Gesellschaft passen. In unserer Kultur zum Beispiel gilt es, den elementaren, körpergebundenen sinnlichen Umgang zugunsten des abstrakt distanzierten zu vernachlässigen. Ethik, Moral und Gesetze sorgen dafür, daß keiner aus der Reihe tanzt.

Wir müssen uns abstimmen, mit den anderen genauso wie mit der eigenen Geschichte. Jeder gewinnt und verliert auf diese Weise etwas. Was an Sicherheit hinzukommt, geht an eigensinniger Verwandlung verloren. Der Realist Sigmund Freud beschreibt diesen Sachverhalt als »Unbehagen in der Kultur« oder als das normale Leid, das auch die beste Psychotherapie nicht aufheben kann.

Doch glücksbesessene Sonderlinge tanzen immer wieder aus der Reihe und experimentieren mit einem Leben jenseits der Norm. Sie würden in der gesellschaftlich reduzierten, vernünftig zurechtgelegten Wirklichkeit seelisch verkümmern, gäbe es keine Nischen. Kindern und Künstlern billigt unsere Gesellschaft eine Art Freiraum zu. Früher gehörten auch die Alten und die Ver-rückten dazu. Sie paktieren mit dem rätselhaften Eigensinn des Lebens und Sterbens. Damit führen sie den »Normalisierten« vor Augen, daß es mehr gibt als »Klippfisch und Ofenhaken« (Knut Hamsun): mehr und anderes als das Zweckmäßige und Nützliche.

Das weckt oftmals bei denjenigen, die in Reih und Glied stehen, Angst, Ärger, Verdruß und auch Neid: »Was bilden die sich denn ein? Die sind wohl verrückt.« Das stimmt auch, denn eigensinnig verrücken sie die Maßstäbe. In autoritär organisierten Gesellschaften werden sie als »Dissidenten« oder »Entartete« mit aller Macht geradegemacht. Sie verschwinden von der Bildfläche, indem man sie in Erziehungslager, Gefängnisse oder Anstalten steckt.

In Gesellschaften, die sich als demokratisch verstehen, verlaufen die Anpassungs- und Ausgliederungsprozesse sublimer. Eigensinn der Verwandlung, auch das Scheitern-Können erhalten größeren Spielraum. Anfang der 1970er Jahre hat man mit dem Experiment einer »Offenen Psychiatrie« gewagt, die Grenzen zwischen den »Normalen« und den »Irr-Sinnigen« aufzuheben. Die Patienten sollten eine Chance erhalten, ihr von der Norm abweichendes Leben mit der angezeigten Unterstützung selbst zu organisieren. Nach der Erfahrung des jahrelangen Stillgelegtseins konnte nicht jeder damit zurechtkommen.

Zuviel und Zuwenig

Wir lieben das Utopische und entwerfen diese hochfliegenden Bilder von unseren Möglichkeiten: was alles in uns steckt; was alles noch aus uns werden kann. Wie von selbst belebt sich in unseren Tagträumen der Mythos vom Helden: Souverän gestalten wir unser Schicksal – bis wir unsterblich werden. Aber dann landen wir nach solchen Abschweifungen wieder in den Kalamitäten des Bewerkstelligens.

Ein Witz verdeutlicht das Dilemma: Ein Mann wird aus der Psychiatrie entlassen. Er ist sehr niedergeschlagen. Gestern war ich noch Napoleon, denkt er, und heute bin ich ein Nichts, ein Niemand! »Shrink« lautet wohl deshalb im amerikanischen

Jargon die Bezeichnung für den Psychotherapeuten; das Wort meint: einschrumpfen lassen, vermindern.

Unsere Schwierigkeiten können allerdings auch vom anderen Ende her ihren Ausgang nehmen. Wir fühlen uns niedergeschlagen, kümmerlich, sind verzagt, wagen nicht, aus uns herauszugehen, trauen uns nicht, trauen uns auch nichts zu, und den anderen trauen wir schon gar nicht. Dann brauchen wir jemanden, der die verschütteten Visionen wieder freilegt. Es ist nicht einfach, das richtige Verhältnis zwischen dem Zuviel und Zuwenig zu finden. Dramatisch wird es, wenn etwa die Extreme in der Wechselgestalt des Manisch-Depressiven kippen. In der manischen Phase meint man, alles bewältigen zu können, und in der depressiven, nichts.

Wirbel und Wechsel im x-Beliebigen

In den letzten Jahrzehnten haben sich die Bedingungen unseres gesellschaftlichen Lebens drastisch verändert. Gegenwärtig wirken auf engstem Raum die unterschiedlichsten Bilder auf uns ein. Ein Hauch von Freiheit verbindet sich mit dem Irrwitz der Gleichzeitigkeit alles Möglichen. Im Medium des Fernsehens zeigen sich die Verschleifungen dieser Bilder. »Anything goes« heißt die coole Devise einer globalisierten Welt.

Mitten im Wohnzimmer eines Tausendseelen-Dorfs in der Eifel flimmern vermummte Gestalten mit Kalaschnikoffs in den Blick, werden Tiere, Menschen, Häuser in Flutwellen ertränkt, hungern winzige Kinder mit geblähten Bäuchen und hohlen Augen zu Tode, rasen pfeilförmige Einmanngeschosse im Kreis, während vor dem Fenster gelassen winterfeste Islandponys grasen und, wenn die Zeit reif ist, milchlüsterne Lämmer schwanzwedelnd mit ihren Köpfen gegen naturbelassene Wollkörper bocken; im Wohnzimmer hängt gerade einer schwerelos im All. Ganz zu schweigen vom Glanz der Werbewelt. Mediamarkt hat einen Slogan texten lassen, der offensichtlich dem überforderten Wohnzimmerinsassen den Rücken stärken soll, wenn er verkündet: »Ich bin ja nicht blöd!« Blutrot rutscht die Sonnenscheibe live hinter den dunklen Tannen einfach runter.

Handelte es sich um Nahrung, die wir zu uns genommen haben, könnten wir uns durch Erbrechen wieder reinigen. Aber so? Wo stecken wir das alles hin? Wir tun so, als könnte sich das Seelische wie die Amöben schadlos überallhin ausbreiten. Aber das Seelische ist kein Einzeller. Es muß die Vielfalt seiner Erfahrungen und Möglichkeiten strukturieren und organisieren, um wirken zu können. Beweglichkeit und Verwandlung sind zwar Bedingungen seelischer Gesundheit, nicht jedoch ohne Entschiedenheit, Grenze und Festlegung. Wenn Kontinuität und Richtung fehlen, bildet sich kein leitendes Bild, kein Selbst, kein Zusammenhang – auch nicht auf Zeit.

Angesichts der aktuellen Überfülle von Lebensbildern in allen Bereichen – Partnerschaft, Elternschaft, Religion, Beruf, Umgangsformen – wird es immer schwieriger, sein Haupt-Bild zu finden. Kein Wunder, daß Experten, Ratgeber, Coachs, Mediatoren, Astrologen und andere Wahrsager Konjunktur haben. Gläubig folgt man ihren Anweisungen – eine Zeitlang. Wenn das Leben nicht hält, was sie versprechen, lassen sich die Berater genauso wechseln wie alles andere.

Der Bericht über ausgewählte Alltagsformen (Kap. IV) und über die Drehungen der eigenen Geschichte (Kap. V) hat gezeigt, daß sich Seelisches durch Behandlung der Wirklichkeit selbst behandelt. Heute sieht es so aus, als würden wir nach dem Muster des Umgangs mit der Fernsehwelt durchs Leben zappen: ein bißchen Tagesgeschehen, ein bißchen auf dem Rücken der Pferde. Von allem ein Häppchen, ein Pröbchen, ein Bißchen: Fernreisen und Exotik, angstvolles Erstaunen über chinesischen Fortschritt, wilde Tiere, Sex und Porno, Totmachen im Auftrag der Götter, Heimatschnulze, Dirndl und Gartenzwerge, Entrüstung über Politik, Kultur, unterhaltsam aufbereitet, Ratlosigkeit über kriminelle Schulkinder, Lamento über die müde Wirtschaft, Wissen als Ratespiel, Körperpflege als Event, immer wieder viele Leute und Talk, Talk, Talk.

Warum soll man sich an »etwas« binden, wenn so viel von »allem« im Angebot ist, daß man nur zu wechseln braucht, um ein neues Bröckchen zu bekommen. »Wie, du willst nicht so, wie ich wohl will? Weg mit dir! Ich hol mir eine Neue/einen Neuen!« Mit der Patchwork-Technik kann man gewiß schöne Decken machen – aber eine seelische Geschichte?

Wer verkraftet das denn, ohne sich selbst abhanden zu kommen? Beim Ausknipsen des Tagesprogramms bleibt oft ein fader Geschmack zurück. Am nächsten Morgen erinnert man sich kaum noch. Schon gelöscht? Nein, unbewußt wirkt es weiter.

Symptombildung als Halt

Lange Jahre kann das so gehen. Manchem glückt es irgendwann, der X-Beliebigkeit zu entkommen, indem er seine eigene »fixe« Idee vom Leben entdeckt und befindet, daß nicht alles gleichermaßen gültig, das heißt gleichgültig ist. Weniger Glückliche finden ihren Halt in psychischen Störungen, die dann vorschreiben, was zu tun und besonders, was zu lassen ist. Psychische Störungen bringen es an den Tag, daß das Leben, so wie wir es jeweils führten, der Veränderung bedarf. Heute wirft man einen Blick ins Internet, füllt die Fragen des Tests »Ist eine Psychotherapie für mich sinnvoll?« aus und erfährt: »Es ist keine Schande, einen anderen um Hilfe zu bitten. Die Kosten werden von der Krankenkasse getragen. Wir sind Ihnen gerne bei der Suche nach einem Therapeuten behilflich.«

Alles viel zu schnell. Symptome stören das Funktionieren nicht aus Versehen. Sie fungieren wie eine Alarmanlage des Seelischen. Unmißverständlich zeigen sie an, daß es dringend notwendig geworden ist, einzuhalten, den Rhythmus zu wechseln und im wörtlichen Sinn eine Revision vorzunehmen. Anders bemerken wir nicht, wie unser Leiden- und Nicht-Leiden-Können eigentlich beschaffen ist. Ängste, Phobien, Verlassenheit, Traurigkeit, zugespitzte Aggressivität, Selbstvernachlässigung, Seelenlähmung, Suizidneigung, Bulimie, selbst der modische Streß oder das sogenannte Burnout-Syndrom setzen eine Grenze und weisen allesamt darauf hin, daß die eigene Geschichte einmal in Ruhe betrachtet werden will.

Dressur versus Wiederbelebung des Ganzen

Die beiden skizzierten Prototypen psychologischer Sichtweisen (Abschnitt II) bestimmen auch die Konzepte der Psychotherapie. Man kann die verschiedenen Formen psychologischer Behandlung in einer Reihe anordnen zwischen Dressur (Verhaltenstherapie) und Belebung nach Art des Schamanismus (Gestalttherapie, Kunsttherapie, tiefenpsychologische und tiefenpsychologisch orientierte Therapieformen).

Vom Erbe des Schamanismus profitieren noch heute die Psychotherapeuten. Trotz aller Aufklärung hält man sie wie die »Götter in Weiß« insgeheim für Schamanen. Das sind besondere Menschen, die in Verbindung zu jenen Kräften stehen, die über Krankheit, Tod, Geburt, aber auch über die unbegreiflichen psychischen Störungen herrschen.

Verhaltenstherapie

Bereits in der Vorzeit differenzierter Kulturen haben Menschen herausgefunden, daß Kinder durch Belohnung/Bestrafung passend gemacht werden können, auch die wilden Tiere, besonders Pferd und Hund. Sie lassen sich zähmen und zu lebendigen Maschinen umschaffen, so daß sie das Alltagsleben leichter machen.

Dieser Ansatz wurde in der modernen Verhaltenstherapie systematisch ausgebaut. Eine Technologie der Anpassung sorgt durch strategisches Verhaltenstraining dafür, daß man im Sinne des »Man« wieder funktioniert. Die jeweiligen Symptome sollen möglichst schnell zum Verschwinden gebracht werden; pragmatisch, praktisch, gut. Für die Verhaltenstheorie sind Konzepte der Sinnkonstruktion eine zu vernachlässigende Größe. So versteht es sich von selbst, daß die Verhaltenstherapie dem Sinn der Symptome keine Aufmerksamkeit schenkt. Es zählt allein die Veränderung des Symptoms, der jeweiligen Verhaltenseinzelheit. Außerdem kostet das betrachtende Verweilen zu viel Zeit. Auch dürfte es kaum möglich sein, eine Auseinandersetzung mit den Untiefen der eigenen Geschichte »anzutrainieren«. Bei den Verhaltenstherapeuten suchen gezielt diejenigen Patienten Hilfe, die der Lebens-Devise folgen: »Wasch mir den Pelz, aber mach mich nicht naß!« – das heißt: »Mach mich wieder fit, aber bring mein System nicht ins Schleudern!«

Tiefenpsychologisch orientierte Psychotherapie

Psychologische Psychotherapie läßt sich vom Weltbild des Schamanismus herleiten. Für manchen mag es enttäuschend sein, daß die Psychotherapeuten, denen wir heute begegnen, meistens etwas blasser daherkommen als die geschmückten und tätowierten Schamanen. Aber das paßt in unserer Kultur wohl eher zur Rolle des Heilenden.

Zwar gerät der moderne Therapeut zumeist nicht in eine Verfassung ekstatischer Verrückung, aber er ist vertraut mit dem Total seelischer Realität. Er lebt nicht mehr in einer kosmologischen Welt, aber er sieht, dem Schamanen ähnlich, die symbolische Aufladung der Geschehnisse und ihre Verschwisterung nach dem Prinzip der Analogie.

Auch im 21. Jahrhundert existiert noch die elementare Welt. Aus dem zu praktischen Zwecken zurechtgestutzten Alltagsleben ist sie zwar verdrängt, aber in den Träumen, im Umgang mit Kunst, beim Lesen der Volksmärchen und anderer Dichtung, in Gebet und Meditation spüren wir sie manchmal noch.

In seiner Kultur fungiert der Schamane als Heilsgestalt und Medizinmann, als »Opferpriester und Orakeldeuter, Seher und Prophet, Magier und Schicksalskundiger. Er ist der geisterbeherrschende Seelsorger, der die Seelen der Verstorbenen ins Jenseits führen, der verirrte Ahnengeister in ihre Heimstatt zurückbringen, der von Geistern verschleppte Seelen suchen und bergen kann.« (Christian Scharfetter: »Schamanismus und Psychotherapie«, Internet.)

Solche Bilder zeigen, daß Besessenheiten, die nicht durch das Nadelöhr des Bewerkstelligens gehen, ein Eigenleben führen. Das ist bei Menschen unserer Kultur nicht anders. Der Symptomatik von Eifersuchtswahn, Vermüllung, Reinlichkeitszwang, Drogenabhängigkeit oder Workaholismus kann man es unmittelbar ansehen. Es sind vehemente Versuche, die Angst vor etwas unverfügbar Gewordenem zu bannen. Seelische Störungen zeigen an, daß man der Auseinandersetzung mit dem Wechselspiel seelischer Regungen nicht mehr gewachsen ist. Man will nicht mehr leiden an der Ambivalenz von Liebe und Haß, am unperfekten Halb und Halb unserer Unternehmungen, an den Kehrseiten, am Paradoxen und Allzumenschlichen. Aber ineins geht die Lust an der Verwandlung verloren.

Die besondere Therapie des Schamanen liegt darin, daß er sich selbst in eine ekstatische Verfassung bringt, die ihm erlaubt als Repräsentant, als Medium und Sprecher dieses Ganzen zu handeln. Die abgespaltenen, besessenen »Seelen« sollen reintegriert werden. Wenn das gelingt, wird er zum Heiler, zum »Ganzmacher«.

Vergleichbares geschieht in abgewandelter, analytischer Vorgehensweise in den tiefenpsychologisch orientierten Therapieformen. Denn »Tiefe« meint, daß die einzelnen Störungen als Produkt eines seelischen Systems spürbar werden, dessen ganzheitliche Organisation gestört ist. In dieser Hinsicht ist Psychotherapie verwandt mit den Strategien der modernen Kunst, die eine Auseinandersetzung mit dem abgespaltenen Widerborstigen, Überflüssigen, Unordentlichen, oftmals auch Ekelerregenden provoziert.

Läßt sich ein Betrachter zum Beispiel auf Objekte von Josef Beuys ein, wird er in Fragen verwickelt, die sein eigenes Lebensbild betreffen. Dabei kann es geschehen, daß sich Verdrängtes neu belebt. Wir alle suchen nicht nur nach der blauen Blume der Romantiker, sondern produzieren jeden Tag ein Häufchen Kot, pulen in der Nase, stinken wie die Tiere, würden wir nicht immer wieder mit Wasser und Parfum dagegen angehen. Bereits auf banalkörperlicher Ebene haben wir unsere »Dreckecken«. Aber das zeichnen wir nicht in das Bild ein, das wir uns von uns selber machen. Tiefenpsychologisch orientierte Therapie arbeitet mit kunstanalogen Strategien, um das vermeintlich Selbstverständliche aufzustören. Erst wenn es in seinem Eigensinn spürbar wird, bildet sich die Chance für eine offene Auseinandersetzung, und die Verwandlung kann sich in einem größeren Kreis neu gestalten.

VII
Schluß:
... und die Moral von der Geschicht'

Psychologie ist eine ambivalente Errungenschaft mit vielgestaltigen Rück- und Nebenwirkungen auf das Seelische, das diese Wissenschaft hervorgebracht hat. Sie kann die Normalisierung des einzelnen betreiben, sie repariert kaputte »Autos« (wörtlich: »Selbste«), sie fungiert als Blitzableiter für Spannungen im gesellschaftlichen Leben, als soziales Bindemittel, als Manipulations- und Dressuranleitung, als Entmündigung, als Augenwischerei, als Trostspender. Zuweilen gelingt es ihr auch, das Seelische zu lockern und seine Emanzipation im weitesten Sinne zu fördern.

Eine meist übersehene Seite der Psychologie soll zum Abschluß noch einmal in den Blick rücken. Psychologie, die nicht nur auf der Meinungsoberfläche Daten erhebt, enttäuscht unsere Wunschvorstellung vom Menschen. Und das sollten wir ihr eigentlich danken. Enttäuschung meint ja, daß eine Täuschung aufgedeckt wird. Psychologisch betrachtet erweist sich der Mensch nicht als freier, autonomer und vernünftiger Gestalter eines »eigentlich«

anmutigen Seelenlebens. Psychologie zeigt vielmehr, daß das Seelische mit seinen launenhaften Umsprüngen etwas Unkalkulierbares hat. Spannungen, Ambivalenzen und Verrücktheiten gehören zu seiner Lebendigkeit. Sie halten das Seelische in Schwung. Anders als manche Erziehungs- oder Morallehre interpretiert Psychologie diese Eigentümlichkeiten nicht als »Untergang des Abendlandes«. Das Seelenleben der Menschen, so wie es real existiert, ist nicht mißglückt. Sicher, es kann in Not geraten, kann überschnappen, kann sich verheddern, kann in Leid ersticken, das ja. Aber aus diesen Zuspitzungen kann es wieder herauskommen, und wenn es anders nicht geht, auch mit Hilfe der Psychotherapie. Das bedeutet jedoch nicht, daß dann alles heiter, leicht und gerade würde. Wenn man der Psychoanalytikerin Anna Freud mit trauriger Entrüstung etwas vorklagen wollte, konnte sie verständnisvoll-nüchtern entgegnen: Aber das Leben ist so nicht gedacht!

Vermutlich ist es die fixe Idee vom Seelenleben als Glücksmaschine, die am stärksten zur Produktion seelischer Störungen und seelischen Leids beiträgt. Dieser insgeheime Wunsch, Sinn und Zweck der Psychologie sei es, den Rückweg zum Paradies zu ebnen. Dieses Hinaufschrauben zum Idealen, diese Vorstellung, das denkend Machbare könnte lebend hergestellt werden. Daran sind in den westlichen Kulturen bereits Religion und Kirche gescheitert. Die Aufklärung hatte damit aufräumen wollen.

Aber dann hat unversehens, manchmal vielleicht unbewußt oder ahnungslos, in jedem Fall sehr naiv, die Psychologie das Erbe angetreten. Als müßte und könnte nun das weltlich-fit-getrimmte Seelenleben den Menschen perfektionieren, so daß sich seine Heilserwartungen erfüllen. Natürlich ist auch die Psychologie in dieser Hinsicht eine große Enttäuschung.

Psychologie kann aber vielleicht etwas anderes. Immerhin könnte sie dazu anleiten, »den Bären zu lieben...«, wie Novalis einmal romantisierend formuliert hat. Wenn wir das Paradoxe, die Kehrseiten, das Verfehlen, das Ungefähre und Ungereimte nicht leugneten, sondern als zugehörig akzeptieren und annehmen lernten, dann wäre etwas gewonnen. Mit der fixen Idee vom quadratisch-praktisch Guten läßt sich die seelische Realität jedenfalls nicht wegvernünfteln.

Auseinandersetzungen mit Problemen, Scheitern und erneuter Beginn sind Voraussetzung seelischer Verwandlung. Keiner kommt ungeschoren davon. Das muß einem eigentlich nicht erst die Psychologie beibringen; es gehört zum Erfahrungswissen. Wenn wir auf das Heile-Welt-Spiel verzichten würden, könnten wir vermutlich auf viele soziale »Schmiermittel« verzichten. Die Produktion von »Bullshit« würde nicht länger das beherzte Gestalten ersetzen...

Gerade jetzt, während ich dieses niederschreibe, spüre ich, daß wieder ein Ideal ins Spiel kommt. Offenbar vermag auch der duldsamste Realismus nichts dagegen auszurichten. Steigerung gehört zur seelischen Verwandlungslust. Wird sie jedoch im Sinne einer Fortschrittsideologie zurechtgestutzt, kommt es zur Verarmung des Seelischen. Man muß kein Psychologe sein, um zu sehen, daß jeder Mensch seltsame Züge hat. Man muß auch kein Zyniker sein, um zu bemerken, daß Menschen an ihren Verrücktheiten hängen. Mit Betroffenheit und Vehemenz können sie erzählen, wie gern sie frei davon wären. Aber gleichzeitig sträuben sie sich, die Dinge einmal anders zu verrichten. Bei anderen merken wir das eher als bei uns selbst.

Der russische Schriftsteller Fjodor M. Dostojewski, ein literarischer Psychologe erster Güte, hat eine drastische Warnung ausgesprochen: »Sollten Sie behaupten, man könne auch dieses nach der Tabelle berechnen, sowohl das Chaos als auch die Finsternis und den Fluch, so daß schon die Berechenbarkeit allem Einhalt gebietet und die Vernunft das letzte Wort behält – so wird der Mensch in diesem Fall mit Absicht verrückt werden, um keine Vernunft mehr zu haben, um auf dem Seinen bestehen zu können.«

Dostojewski bricht eine Lanze für den paradoxen Eigensinn der Verwandlung. Nicht nur für den Künstler, sondern für jeden, der nicht im »Man« untertaucht, rangiert er höher als das reibungslose Funktionieren, als das Vermeiden von Unlust, als irgendein Gleichgewicht, als die kleinmütige Sicherung des Lebens.

Der surrealistische spanische Maler Salvador Dalí hat neben seinen rätselhaften Gemälden auch rätselhafte Sprüche gemacht. Einen möchte ich, weil er so intensiv nachwirkt, an Stelle einer Zusammenfassung zitieren: »Der einzige Unterschied zwischen mir und einem Verrückten ist, daß ich nicht verrückt bin.«

Schade, daß zeitgenössische Hochschulpsychologie Erkenntnisse dieser Art an die Künstler delegiert hat. Vielleicht wirkt sie auch deshalb auf vielen Seiten so exakt langweilig.

PIPER

Paul Watzlawick
Wenn du mich wirklich liebtest, würdest du gern Knoblauch essen

Über das Glück und die Konstruktion der Wirklichkeit.
Herausgegeben von Klaus Stadler und Heidi Bohnet.
224 Seiten mit Zeichnungen. Gebunden

Paul Watzlawick, der österreichische Kalifornier, ist als Psychotherapeut und Konstruktivist ein Mythos. Seine Bücher sind seit vielen Jahren Bestseller, ob »Anleitung zum Unglücklichsein«, »Wie wirklich ist die Wirklichkeit?« oder »Gebrauchsanweisung für Amerika«. Zum ersten Mal gibt es nun das Beste von Paul Watzlawick, seine wichtigsten und unterhaltsamsten Texte. Die Auswahl macht neugierig auf mehr und führt zugleich in sein Denken ein. Warum die Amerikaner noch immer an die Zukunft glauben, weshalb man Watzlawicks »Anleitung« keinesfalls befolgen darf, wenn man glücklich werden will, was Wirklichkeit wirklich ist und warum die Menschen immer wieder auf scheinbar hundertprozentige Lösungen hereinfallen – das und viel mehr ist hier nachzulesen.

01/1578/01/L